Les grands noms du hockey

Joueurs de centre

MIKE LEONETTI

TEXTE FRANÇAIS DE GILLES TERROUX

Éditions
■SCHOLASTIC

Références photographiques

Page de couverture, 2, 6, 34, 46 : Temple de la renommée du hockey;
p. 10, 15 : Frank Prazak/Temple de la renommée du hockey; p. 12 :
Temple de la renommée du hockey; p. 18, 20, 26 : Turofsky/Temple de la
renommée du hockey; p. 26, 66 : Temple de la renommée du hockey; p.
31 : Graphic Artists/Temple de la renommée du hockey; p. 41, 61 : Paul
Bereswill/Temple de la renommée du hockey; p. 46 : Walter Gretzky/
Temple de la renommée du hockey; p. 51 : © Sun Media; p. 55 : Robert
Shaver/Temple de la renommée du hockey; p. 64 : Doug MacLellan/Temple
de la renommée du hockey; p. 69 : Dave Sandford/Temple de la renommée
du hockey; p. 78 : Dave Sandford/Getty Images; p. 81 : Brian Bahr/Getty
Images; p. 85 : Temple de la renommée du hockey; p. 90, 100 : Matthew
Manor/Temple de la renommée du hockey; p. 95 : Walt Neubrand/Temple
de la renommée du hockey; p. 103 : All Children's Hospital, Floride;
p. 107 : © Getty Images

Catalogage avant publication de Bibliothèque et Archives Canada

Leonetti, Mike, 1958-
Joueurs de centre / Mike Leonetti ; traduit par Gilles Terroux.

(Les grands noms du hockey)
Traduction de: Awesome centres.
ISBN 978-0-545-98690-8

1. Joueurs de hockey--Biographies--Ouvrages pour la jeunesse. 2. Ligue
nationale de hockey--Biographies--Ouvrages pour la jeunesse. I. Titre. II.
Collection: Grands noms du hockey

GV848.5.A1L4514 2010   j796.962092'2   C2010-905466-0

Édition publiée par les Éditions Scholastic, 604, rue King Ouest,
Toronto (Ontario) M5V 1E1 CANADA.

6 5 4 3 2 1   Imprimé au Canada 119   10 11 12 13 14

Sources Mixtes
Groupe de produits issu de forêts
bien gérées, de sources contrôlées
et de bois ou fibres recyclés.
www.fsc.org Cert no. SGS-COC-003098
© 1996 Forest Stewardship Council
FSC

TABLE DES MATIÈRES

AVANT-PROPOS

Une équipe de hockey gagnante est faite de nombreux éléments : un bon gardien de but, des défenseurs efficaces en possession de la rondelle et des attaquants capables de marquer des buts. Les attaquants les plus importants sont ceux qui évoluent à la position de joueur de centre. Le cœur de tout grand trio, c'est un bon joueur de centre. Et les meilleurs étaient incontestablement Jean Béliveau, Wayne Gretzky et Vincent Lecavalier – les trois joueurs présentés dans ce livre. Chacun a mené son équipe à la Coupe Stanley.

Béliveau a joué un rôle très particulier à titre de capitaine du Canadien de Montréal. Il a porté l'uniforme de l'équipe à un moment fort de son histoire. Elle représentait beaucoup pour tant de gens au Québec – et plus particulièrement pour les Canadiens français. Béliveau a joint les rangs du Canadien au début des années 1950 et il n'a pas tardé à apprendre à gagner et à mener en jouant aux côtés d'autres grandes vedettes comme

Maurice « Rocket » Richard. Quand le moment est venu de diriger l'équipe, Béliveau était fin prêt et il s'est admirablement bien acquitté de sa tâche. Avec Béliveau comme capitaine, le Canadien a remporté la Coupe Stanley cinq fois. Sa carrière, couronnée de son intronisation au Temple de la renommée, s'est terminée avec une dernière conquête en 1971. Il est demeuré à l'emploi du Canadien depuis qu'il a pris sa retraite de hockeyeur. Tous les amateurs de hockey qui l'ont vu jouer se souviennent de l'élégance du numéro 4 autant sur la patinoire qu'à l'extérieur de celle-ci. Il est toujours chaleureusement applaudi chaque fois qu'il assiste à un match du Canadien.

Gretzky était un jeune homme qui aimait le hockey plus que tout au monde. Il a toujours eu pour objectif de devenir le meilleur joueur possible. Son rêve de jouer un jour dans la LNH a pris racine sur une patinoire aménagée dans la cour arrière de la maison familiale. Avant de tirer sa révérence, Gretzky a battu presque tous les records de la LNH. Il a aussi remporté la Coupe Stanley quatre fois et a été proclamé neuf fois le joueur le plus utile à son équipe. Au-delà de toutes ces marques, « La Merveille » est considéré, à juste titre, comme l'une des meilleures personnes, tous sports confondus. Gretzky a beaucoup appris sur la façon de se comporter d'un capitaine en observant Béliveau à *Hockey Night in Canada*. Wayne a été choisi pour allumer la flamme olympique des Jeux d'hiver de 2010 à Vancouver parce qu'il représente tellement pour le Canada tout entier.

Lecavalier s'est retrouvé au sein de la pire équipe de la LNH lorsque le Lightning de Tampa Bay en a fait le tout premier choix du repêchage amateur de 1998. Le jeune Vincent n'a pas eu la vie facile au début de sa carrière, mais il n'a jamais baissé les bras. Le Lightning a fini par s'améliorer et Lecavalier est devenu l'attaquant le plus talentueux de l'équipe. Il était à son meilleur lorsque l'équipe a remporté la Coupe Stanley en 2004, prenant la mesure des Flames de Calgary en sept matchs. Il a également joué un rôle de premier plan lorsque le Canada a récolté l'or à la première Coupe du Monde de hockey en 2004. En 2006-2007, il a connu sa meilleure saison en carrière avec 52 buts. Et nul ne doute que l'avenir réserve d'autres grands moments au capitaine du Lightning.

De grands joueurs comme Béliveau, Gretzky et Lecavalier ont fait vivre aux amateurs de hockey des moments mémorables qui sont relatés dans ce livre. Il y a encore beaucoup à apprendre en regardant les meilleurs maîtriser leur art. Ces trois joueurs sont à l'image des grands moments que le hockey a procurés pendant plusieurs années. On ne pourrait choisir un meilleur trio pour illustrer comment le travail acharné, la détermination et le leadership peuvent engendrer le succès. Laissez-vous captiver par leurs histoires passionnantes!

Mike Leonetti,

1er juillet 2010

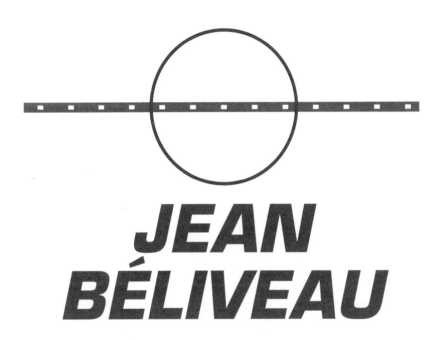

JEAN
BÉLIVEAU

LE TOUT PREMIER GAGNANT DU TROPHÉE CONN SMYTHE

« Nous y voilà; c'est le septième match décisif. Les gagnants remporteront la Coupe Stanley », a déclaré le légendaire commentateur de *Hockey Night in Canada*, Danny Gallivan, le soir du 1er mai 1965. Le Canadien de Montréal affrontait les Black Hawks de Chicago devant ses partisans et était favori pour l'emporter puisque depuis le début de la série, l'équipe locale avait gagné chaque match. La pression reposait sur les épaules des joueurs du Canadien qui n'avait pas savouré le championnat depuis cinq ans et tous les joueurs de l'équipe étaient impatients de rapporter la Coupe à Montréal. On attendait beaucoup du capitaine de l'équipe, Jean Béliveau. Il comptait déjà cinq championnats à son palmarès, mais aucun à titre de capitaine du Canadien. Allait-il, ce soir-là, soulever le célèbre trophée pour la première fois dans le rôle de capitaine?

La foule montréalaise était nerveuse en début de match, mais quelques secondes après la mise au jeu initiale, le Canadien a pris d'assaut le territoire des Black Hawks. Béliveau et ses compagnons de trio Robert Rousseau et Dick Duff se sont lancés à l'attaque et ont provoqué un revirement. Le tir de Rousseau a atteint Béliveau avant de ricocher derrière un Glenn Hall médusé devant le filet des Black Hawks, à la grande satisfaction du capitaine du Canadien.

Peu après, Béliveau a dirigé une passe précise à Duff et le Canadien a pris les devants 2-0. Le Canadien savait que les Black Hawks tiraient de l'arrière. À l'autre bout de la patinoire, le gardien de but du Canadien, Lorne Worsley, n'avait aucune difficulté à contrer l'attaque du Chicago, qui misait sur des vedettes comme Bobby Hull et Stan Mikita. Le rapide Yvan Cournoyer a profité d'une pénalité imposée au défenseur Pierre Pilote pour porter le compte à 3-0. Henri Richard a ajouté un quatrième but, une fois de plus en supériorité numérique, et le Canadien a vogué vers une victoire facile.

Béliveau a procédé à la mise au jeu finale pendant que la foule chantait sa joie durant les dernières secondes du match. Au son de la sirène, il a soulevé son bâton et s'est dirigé à l'autre bout de la patinoire où ses coéquipiers s'étaient rués sur Worsley. Béliveau a donné son bâton à un garçon qui s'était faufilé sur la patinoire pendant les célébrations, puis s'est rendu au centre de la patinoire où se trouvait la Coupe Stanley et l'a soulevée pour la première fois à titre de capitaine.

Le joueur de centre vedette s'est adressé à la foule en français et en anglais. « Au nom de tous mes coéquipiers et des membres de l'organisation du Canadien, je veux vous dire à quel point nous sommes fiers d'avoir remporté la Coupe Stanley, pas seulement pour nous, mais pour vous tous, nos partisans. » Avec la Coupe en main, il a ensuite fait le tour de la patinoire, à la grande joie des photographes.

Mais il ne s'agissait pas du seul honneur réservé à Béliveau ce soir-là. Il est aussi devenu le tout premier récipiendaire du nouveau trophée Conn Smythe remis au joueur par excellence des séries éliminatoires. « Je suis heureux d'avoir gagné ce splendide trophée, mais je tiens avant tout à remercier tous mes coéquipiers », a-t-il dit, avec modestie.

Conn Smythe lui-même a fait l'éloge de Béliveau : « Jean Béliveau est la plus belle chose qui soit arrivée au hockey de l'ère moderne. »

Béliveau (au micro) après avoir remporté la Coupe Stanley de 1968 : une photo devenue familière pour les partisans du Canadien.

UNE ENFANCE AU QUÉBEC

Lorsque son fils aîné, Jean, est né le 31 août 1931, Arthur Béliveau savait pertinemment que le monde de son fils serait très différent du sien. Mais il était résolu à inculquer au jeune Jean un profond respect de la religion, du travail acharné et de la discipline personnelle.

Arthur et son épouse Laurette avaient décidé de s'installer à Victoriaville pour élever leur famille de sept enfants : cinq garçons et deux filles. C'est là que Jean a commencé à jouer au hockey dans la cour arrière. Il a appris à manier le bâton avec aisance sur une patinoire achalandée et il lui arrivait de patiner à longueur de journée pendant la fin de semaine. Pour que ses fils n'aient pas à retirer leurs patins à l'heure des repas, sa mère plaçait des cartons sur le plancher de la maison. Jean a aussi joué au hockey à la patinoire voisine de son école où le jeune maigrichon à la tuque bleue tirait son épingle du jeu contre des garçons de tous

Jean a joué avec les Tigres de Victoriaville de 1947 à 1949.

les âges dont plusieurs plus gros et plus vieux que lui. Béliveau a développé les muscles qui l'ont aidé à jouer contre des joueurs plus âgés en aidant son père à couper des poteaux électriques brisés que la famille utilisait comme bois de chauffage.

Jean n'a pas fait partie d'une équipe structurée avant l'âge de 12 ans. Cependant à l'âge de 16 ans, il a marqué 46 buts en 42 matchs avec sa nouvelle équipe, les Tigres de Victoriaville de la Ligue junior du Québec et il a commencé à se démarquer.

Jean était aussi un bon joueur de baseball, mais ce sont ses talents de joueur de hockey qui lui ont permis de sillonner la province. Arthur n'a jamais réellement souhaité que son fils devienne un joueur de hockey. Il aurait préféré que Jean travaille avec lui à la centrale électrique de Shawinigan, mais il a vite compris que le hockey allait rendre son fils riche et célèbre.

Jean écoutait religieusement le hockey à la radio avec sa famille durant la saison 1944-1945 au cours de laquelle son idole Maurice Richard a marqué 50 buts en 50 matchs avant d'aider le Canadien à remporter la Coupe Stanley. Après une deuxième saison fructueuse à Victoriaville (meneur de la ligue avec 48 buts en 42 matchs), Jean est allé jouer pour les Citadelles de Québec. En décembre 1949, son père l'a accompagné à l'autobus en partance pour Québec et lui a simplement dit : « Fais ton possible, Jean. »

Ce fut une période faste pour les Citadelles, qui pouvaient dorénavant compter sur le meilleur jeune joueur au pays et un complexe sportif flambant neuf. Jean a marqué 38 buts à sa première saison et 61 durant la saison 1950-1951. Il a aussi ajouté 63 mentions d'aide pour un total de 124, un sommet dans la ligue. Durant cette saison, le jeune Béliveau a disputé un match avec l'uniforme des As de Québec de la Ligue senior, marquant deux buts, en plus de jouer deux matchs avec le Canadien de Montréal, où il a marqué un but et récolté une mention d'aide.

Le Canadien était impatient de mettre la jeune supervedette sous contrat, une fois sa carrière chez les juniors terminée, mais Jean est demeuré fidèle à la ville de Québec qui l'avait traité avec égards à plusieurs points de vue. Une année, il a reçu une voiture et chaque fois qu'il réussissait un tour du chapeau, un complet et une paire de chaussettes l'attendaient. Il en a reçu tellement qu'il a commencé à en faire cadeau à ses coéquipiers! Il a accepté de disputer deux autres saisons à Québec, sachant fort bien que les As le paieraient autant qu'une équipe de la LNH et que de toute façon, le Canadien serait encore là plus tard.

La décision de Béliveau a déplu aux dirigeants du Canadien qui souhaitaient qu'il se joigne aux autres jeunes vedettes Bernard Geoffrion, Dickie Moore et Jacques Plante, qui à leurs yeux, allaient devenir les prochains *leaders* de l'équipe.

Jouer pour les As a permis à Béliveau d'apprendre de joueurs plus âgés et de prendre le temps nécessaire pour se préparer pour la LNH. Son entraîneur était Punch Imlach, qui a connu

Jean avec Les As de Québec

beaucoup de succès avec les Maple Leafs de Toronto dans les années 1960. Il disait que Béliveau était le meilleur joueur qu'il ait jamais vu jouer. Imlach a aidé Béliveau à améliorer son coup de patin, un atout essentiel pour réussir dans la LNH. Béliveau a fait sa marque à Québec, permettant à la Ligue senior du Québec de marquer le plus grand nombre de buts deux saisons de suite (45 en 1951-1952 et 50 en 1952-1953). Il a aussi remporté le championnat des marqueurs chaque année (83 et 89 points respectivement). En 1952-1953, Béliveau a également disputé cinq matchs avec le Canadien, inscrivant cinq buts, dont son premier tour du chapeau dans la LNH.

L'assistance au Colisée de Québec – « La maison que Jean a bâtie » - s'est chiffrée à 360 000 spectateurs lors de la dernière saison de Béliveau avec les As. La plupart des partisans assistaient aux matchs pour voir jouer le talentueux joueur de centre. À ce moment-là, Béliveau avait fait tout en son pouvoir pour la ville de Québec, y compris la conquête d'un championnat. Dorénavant surnommé « Le Gros Bill » par un journaliste, en évoquant le titre d'une chanson québécoise qui commençait par les paroles « Et voilà le Gros Bill », Béliveau savait que son avenir était à Montréal, où il allait enfin revêtir le célèbre chandail bleu, blanc, rouge. Le joueur vedette âgé de 22 ans avait décidé que le moment était venu de mettre le cap vers la grande ville.

LA MEILLEURE
ÉQUIPE
DE L'HISTOIRE
DU HOCKEY

Le Canadien de Montréal avait déjà tenté de mettre Jean Béliveau sous contrat, mais il avait refusé toutes les propositions tant qu'il n'aurait pas complété son œuvre dans la ville de Québec. Le directeur général du Canadien, Frank Selke, était pressé de toutes parts d'embaucher Béliveau, mais il s'était toujours abstenu de trop insister. Cependant en octobre 1953, le temps était venu, les champions de la Coupe Stanley n'avaient pas d'autre choix que de convaincre Béliveau d'apposer sa signature au bas d'un contrat. Même s'il venait de remporter le championnat, le Canadien se devait de préparer la relève puisque l'heure de la retraite approchait pour son joueur de centre numéro un, Elmer Lach.

Tout juste avant le début de la saison 1953-1954, Selke a dit qu'il avait ouvert le coffre-fort et que Jean n'avait qu'à se servir. Le jeune joueur de centre canadien-français a fini par signer une entente de cinq ans d'une valeur totale de 100 000 $ — une somme incroyable à l'époque. En s'assurant les services d'une

Béliveau se rend sur la glace.

nouvelle supervedette, le Canadien avait fait un bon coup et ses partisans étaient fous de joie. Béliveau a décidé de porter le chandail numéro quatre parce que le numéro neuf appartenait à son idole Maurice Richard. Le numéro quatre n'a pas mis de temps à devenir presque aussi populaire que le numéro neuf.

Le début de carrière de Béliveau n'a pas été de tout repos. Il a subi deux blessures et n'a disputé que 44 matchs à sa première saison, compilant une fiche de 13 buts et 34 points. Il est toutefois revenu en force vers la fin de la saison. Durant la fin de semaine des 13 et 14 mars 1954, il a marqué trois fois et récolté deux mentions d'aide dans des victoires de 4-0 et de 6-0 du Canadien contre les Black Hawks de Chicago. La saison suivante, Béliveau a réussi 37 buts en 70 matchs pour un total de 73 points – un seul de moins que Richard et deux de moins que Geoffrion, alors que le Canadien s'est accaparé des trois premières places des marqueurs. En séries éliminatoires, toutefois, le Canadien a baissé pavillon devant les Red Wings de Detroit pour la deuxième année de suite.

Béliveau et le Canadien se sont réellement imposés lors de la saison 1955-1956. S'apercevant que l'adversaire tirait avantage du comportement plutôt calme de Béliveau, l'entraîneur-chef Dick Irvin l'a incité à préconiser un style de jeu plus robuste. Son total de minutes de punition est passé de 58 à 143 et tous les aspects de son jeu se sont améliorés. L'imposant joueur de centre, maintenant un colosse de 1,89 m et 93,1 kg, a commencé à jouer à son plein potentiel; en conséquence il a dominé la ligue avec 47 buts et 88 points. Il a démontré ses talents de fabricant de jeux et son tir

Jean (à droite) avec Toe Blake (au centre) et Maurice « Rocket » Richard (à gauche)

du revers est devenu l'un des plus redoutables du circuit. Béliveau était devenu un as dans l'art de se poster devant le filet de l'adversaire où les défenseurs avaient de la difficulté à le contenir. Le Canadien a reconquis la Coupe Stanley en 1956, grâce en grande partie aux 12 buts et aux 19 points de Béliveau, en dix matchs contre les Rangers de New York et les Red Wings de Detroit.

Au cours des cinq saisons suivantes, le Canadien de Montréal a dominé la LNH. Non seulement il a ravi la Coupe Stanley cinq fois de suite, mais il a terminé quatre fois au premier rang du classement du circuit qui comptait six équipes. Il misait sur le meilleur gardien de but, Jacques Plante, le meilleur défenseur, Doug Harvey et une attaque dévastatrice formée de Béliveau, Dickie Moore, Bernard Geoffrion, Bert Olmstead et les frères Maurice et Henri Richard. Les attaquants faisaient la pluie et le beau temps et lors d'un match contre Boston, Béliveau a établi une marque avec trois buts en l'espace de 44 secondes! Chacun de ces buts est survenu en supériorité numérique, ce qui a finalement incité la LNH a institué un nouveau règlement selon lequel une pénalité prend fin aussitôt qu'un but est marqué, plutôt qu'à la fin des deux minutes de pénalité. Les autorités du circuit souhaitaient ainsi ralentir Béliveau et la redoutable équipe du Canadien.

Béliveau a été un exemple de régularité pendant les années glorieuses de la dynastie du Canadien. Malgré certaines blessures, Béliveau a maintenu une moyenne de plus d'un point par match. En 1958-1959, il a de nouveau été le meilleur marqueur de la ligue avec 45 buts. Il n'a jamais connu une saison inférieure à 74 points lorsqu'il a participé à tous les matchs de son équipe. Le brio de Béliveau a été récompensé de plusieurs façons. Il a été choisi au sein de la première équipe d'étoiles en 1955, 1956, 1957 et 1959 et au sein de la deuxième équipe d'étoiles en 1958. En 1956, il a remporté le trophée Hart remis au joueur le plus utile à son équipe de même que le trophée Art Ross décerné au joueur qui a accumulé le plus de points en une saison.

« Il est extrêmement fort, il patine avec aisance, il manie admirablement bien le bâton et il a l'esprit d'équipe avec un sens inné du jeu », a déjà dit de Béliveau l'entraîneur-chef des Red Wings de Detroit, Tommy Ivan. « Il possède un tir puissant et précis. Il serait une vedette avec n'importe quelle équipe; j'aimerais bien l'avoir au sein de la mienne. »

Béliveau était fort talentueux et possédait un tir rapide et précis qui lui a permis de marquer plusieurs buts. Il était un patineur élégant dont le style de jeu classique en a fait un joueur apprécié dans toute la ligue.

> *« Je n'étais même pas adjoint au capitaine auparavant et d'autres joueurs avaient plus d'ancienneté que moi. J'avais peine à le croire lorsque Toe Blake est sorti du vestiaire pour me serrer la main et annoncer aux autres que j'étais leur nouveau capitaine. Ce fut un honneur incroyable. Je ne m'y attendais pas du tout. »*

Au début de la saison 1960-1961, le légendaire Rocket Richard a annoncé sa retraite du hockey et même si le Canadien représentait toujours une puissance, les Black Hawks de Chicago ont interrompu sa dynastie en l'éliminant en six matchs au premier tour des séries éliminatoires. Plusieurs changements ont été apportés à l'équipe et l'un des plus importants a été la nomination de Jean Béliveau au titre de capitaine. Plusieurs, dont Béliveau lui-même, s'attendaient à ce que Geoffrion soit nommé, mais à bien y penser, choisir Béliveau allait de soi. Il commandait le respect par son sérieux et son comportement irréprochable autant sur la patinoire qu'en dehors de celle-ci.

Le Canadien était dorénavant l'équipe de Béliveau, mais ce dernier a dû patienter un bon moment avant de soulever la Coupe à titre de capitaine.

LA DYNASTIE TRANQUILLE

Jean Béliveau a déjà déclaré, à propos du Canadien de Montréal : « Pour nous, la Coupe Stanley est la chose la plus importante. Nous avons le sentiment de représenter le Canada français et le but ultime est de remporter la Coupe Stanley pour nos partisans. » C'est ce qui a rendu la disette que le Canadien a connue entre 1961 et 1964 si difficile à accepter pour Béliveau et ses coéquipiers. Le Canadien était loin d'être une équipe médiocre – il a terminé au premier rang du calendrier trois fois en quatre ans, mais chaque année, il a subi l'élimination au premier tour des séries éliminatoires. Plusieurs joueurs avaient quitté l'équipe et de la dynastie des années 1950, il ne restait que Béliveau, Henri Richard, Ralph Backstrom, Jean-Guy Talbot et Claude Provost.

Le début des années 1960 a été une période de réflexion pour Béliveau et il a subi plusieurs blessures graves. L'état de son cœur a été une source d'inquiétude. En fait, dès 1953, les rumeurs disaient que son cœur ne serait peut-être pas suffisamment fort pour un homme de sa stature et pour résister au stress du hockey professionnel. Une « anomalie cardiaque » était le terme utilisé à l'époque par les médecins pour décrire sa condition. Avec une saison de 32 buts et 90 points en 1960-1961, Béliveau a maintenu un rythme d'un point par match, mais sa production a chuté à 18 buts à chacune des deux saisons suivantes. Critiqué par les médias, Béliveau a même songé à la retraite. La direction de l'équipe a refusé d'écouter toute suggestion de retraite, mais a demandé aux médecins de le soumettre à une batterie d'examens. Les médecins ont conclu que son corps s'était adapté à sa condition et qu'il ne courait aucun risque en continuant à jouer au hockey.

« Le hockey est un sport qui exige de la force physique et de l'endurance et il y a toujours des risques de blessures en jouant. C'est un peu comme la vie. Et il n'y a pas lieu de recourir à la violence. »

En 1963-1964, Béliveau avait retrouvé sa forme d'antan et a compilé une fiche de 28 buts et 50 mentions d'aide pour 78 points. Sa performance lui a valu un deuxième trophée Hart et le Canadien est redevenu un candidat aux grands honneurs. Le nouveau directeur gérant Sam Pollock a procédé à plusieurs changements marqués par l'entrée en scène de joueurs fort talentueux comme Yvan Cournoyer, Dick Duff, Gump Worsley et Rogatien Vachon.

Après avoir repris possession de la Coupe Stanley en 1965, Béliveau a mené son équipe à trois autres conquêtes, en 1966, en 1968 et en 1969. Ces quatre championnats en cinq ans avec une bonne équipe, mais pas réellement une puissance, ont incité certains à qualifier cette période de l'histoire du Canadien « la dynastie tranquille ». Béliveau a connu de bons moments durant les séries éliminatoires de cette période-là. Il a mérité le trophée Conn Smythe en 1965, puis a amassé dix points en dix matchs en 1966 alors que le Canadien a remporté la Coupe aux dépens des Red Wings de Detroit.

Le Canadien tenait réellement à conserver la Coupe Stanley en 1967, l'année du centenaire de la Confédération. Il souhaitait que le trophée ait une place de choix à l'Expo 67 qui allait avoir lieu à Montréal au cours de l'été. Rétabli d'une sérieuse blessure à un œil, Béliveau s'est une fois de plus illustré dans les séries avec 11 points en dix matchs. Mais en remportant la série finale en six matchs, les Maple Leafs de Toronto sont venus jouer les trouble-fête en privant une fois de plus le Canadien d'un cinquième titre consécutif.

La saison 1967-1968 a commencé du mauvais pied pour le Canadien avec un début de saison lent et pour Béliveau, en raison d'une blessure. De retour au jeu en décembre, Béliveau a inscrit le 1000e point de sa carrière avant de savourer la première conquête du Canadien de l'ère post-expansion, en prenant la mesure des Blues de St. Louis en quatre matchs consécutifs. Blessé à une jambe lors du premier match de la série finale contre les Blues, Béliveau, marchant avec des béquilles, est revenu sur la patinoire du Forum de Montréal accepter la Coupe Stanley au nom de ses coéquipiers.

Jean Béliveau contourne le filet.

La saison suivante, Claude Ruel, un entraîneur peu connu, est devenu l'entraîneur-chef du Canadien. Il comptait sur l'aide de Béliveau afin de s'adapter à son nouveau rôle. Béliveau s'est retrouvé avec de jeunes joueurs comme compagnons de trio. Il s'est empressé de leur dire de ne rien changer à leur style et que c'est lui qui verrait à s'ajuster à leur jeu – un geste plus qu'honorable compte tenu de son statut de joueur vedette.

Même dirigé par un nouvel entraîneur, le Canadien a encore mieux fait en 1968-1969 et Béliveau a connu l'une de ses meilleures saisons avec 33 buts et 82 points. Il a été tout aussi remarquable en séries éliminatoires avec cinq buts et dix mentions d'aide, un sommet dans la ligue. En demi-finale, le Canadien s'est retrouvé face aux redoutables Bruins de Boston et Bobby Orr. Les deux équipes ont partagé les honneurs des quatre premiers matchs et le Canadien a gagné le cinquième sur la patinoire du Forum. Le sixième match au Boston Garden s'est terminé en prolongation. En deuxième période supplémentaire, Provost a soutiré la rondelle à un adversaire dans le coin de la patinoire, l'a passée à Béliveau qui a logé un tir précis au-dessus de l'épaule du gardien de but Gerry Cheevers. Il s'agissait du premier et seul but victorieux de Béliveau en période de prolongation. Une fois de plus, le Canadien a balayé les Blues de St. Louis en quatre matchs en finale et la saison a pris fin avec le capitaine du Canadien quittant la patinoire avec la Coupe Stanley – une scène devenue familière pour tous les Canadiens.

UNE ANNÉE DE PLUS

Le Canadien de Montréal préférerait oublier la saison 1969-1970. Détenteur de la Coupe Stanley, le Canadien était une fois de plus favori pour enlever les honneurs de la division Est de la LNH, mais il a été exclu des séries éliminatoires! Jean Béliveau lui-même n'a pas connu une saison à la hauteur avec seulement 19 buts et 49 points en 63 matchs. Une fois de plus, il avait l'impression que l'heure de la retraite avait sonné, mais le directeur général du Canadien, Sam Pollock, lui a demandé de jouer une saison de plus afin que les jeunes joueurs puissent poursuivre leur apprentissage sous sa tutelle. Béliveau a accepté, mais il a clairement précisé que la saison 1970-1971 serait sa dernière.

Le Canadien n'a pas connu une saison particulièrement fructueuse, terminant troisième dans l'Est, mais Béliveau y est allé d'une performance de 25 buts et 51 mentions d'aide en 70 matchs, permettant à son équipe de regagner sa place en séries éliminatoires. Béliveau a connu sa soirée la plus mémorable de la saison le 11 février 1971, lorsque le Canadien a reçu la visite des North Stars du Minnesota, au Forum. Le capitaine du Canadien a enfilé le 500ᵉ but de sa carrière dans une victoire de 6-2. Le but historique était son troisième de la soirée. Il a déjoué le gardien Gilles Gilbert en complétant le jeu amorcé par Phil Roberto et Frank Mahovlich. Béliveau est devenu le quatrième joueur de la LNH à atteindre le plateau des 500 buts.

> *« Jean Béliveau est la meilleure chose qui soit survenue au hockey moderne. »*
> — Conn Smythe

Malgré l'excellente performance de Béliveau en saison régulière, de nombreux experts s'attendaient à ce que le Canadien ne fasse pas long feu pendant les séries éliminatoires. L'équipe avait changé d'entraîneur en cours de saison, ce qui ne présage jamais rien de très prometteur. Mais le Canadien a aussi fait l'acquisition de quelques joueurs clés, en mettant notamment la main sur l'ailier Frank Mahovlich dans une transaction majeure avec les Red Wings de Detroit. De plus, Ken Dryden, un parfait inconnu, a été choisi comme gardien de but partant pour les séries d'après saison. Le Canadien a amorcé les séries contre les Bruins de Boston, largement favoris, mais les prouesses tenant presque du miracle de Dryden ont permis à l'équipe de Montréal de surprendre en gagnant la série en sept matchs.

Le Canadien a éliminé les North Stars du Minnesota au tour suivant, avant de croiser le fer avec Chicago en finale de la Coupe Stanley. Les Black Hawks étaient toujours tout près de battre le Canadien, mais n'arrivaient jamais à lui porter le coup de grâce. Le Canadien tirait même de l'arrière 0-2 dans le septième et ultime match, mais a trouvé le moyen d'enfiler trois buts sans riposte et de soutirer une victoire de 3-2. Béliveau a bouclé les séries avec un record de 16 aides. Et il a soulevé la Coupe Stanley pour la 10e et dernière fois de sa carrière.

Moins d'un mois plus tard, Béliveau a annoncé officiellement qu'il prenait sa retraite.

« J'ai toujours pensé qu'une personnalité publique devait se retirer plus tôt que trop tard, a dit Béliveau. Je suis conscient que certains ne sont pas en mesure de le faire, mais pour moi, 1971 s'est avéré le moment idéal pour me retirer. J'ai connu une bonne saison en terminant premier marqueur de l'équipe et nous avons remporté la Coupe Stanley pour la 10e fois de ma carrière. »

Il a tiré sa révérence avec une fiche de 507 buts et 1 219 points en 1 125 matchs en saison régulière et au premier rang des marqueurs de tous les temps en séries éliminatoires avec 176 points en 162 matchs d'après saison. C'était la fin d'une carrière vraiment remarquable que le premier ministre Pierre Elliot Trudeau a résumé de façon éloquente : « Rarement la carrière d'un athlète a été aussi exemplaire, autant par son courage, son sens de la discipline et de l'honneur, son intelligence, sa finesse et son magnifique esprit d'équipe. Jean Béliveau a rehaussé le prestige du hockey. »

Gordie Howe présente le trophée Hart à Jean Béliveau.

LA VIE APRÈS LE HOCKEY

Après l'annonce de sa retraite le 9 juin 1971, Jean Béliveau est devenu vice-président senior, affaires sociales du Canadien de Montréal. La transition s'est effectuée sans difficulté pour Béliveau qui avait travaillé pendant des années pour la brasserie Molson, propriétaire du Canadien. Courtois et amical envers le public, Béliveau était le candidat idéal pour représenter l'équipe lors de divers événements et pour conseiller les entraîneurs et directeurs de l'équipe. Il a aussi été d'une aide précieuse pour les joueurs, dont la nouvelle supervedette Guy Lafleur. Le rapide ailier droit a été réclamé au repêchage par le Canadien le lendemain de l'annonce de la retraite de Béliveau. Question de l'aider à s'adapter à sa nouvelle vie à Montréal et à l'environnement de la célèbre équipe, Béliveau a même hébergé Lafleur chez lui pendant un certain temps. Lafleur a grandi en adulant Béliveau et, à l'image de son idole, portait le numéro quatre chez les juniors. Béliveau lui a cependant conseillé de choisir un autre numéro et de faire en sorte que tous les jeunes Québécois veuillent l'imiter. Lafleur a suivi son conseil et le numéro 10 est vite devenu le chandail le plus populaire auprès des partisans du Canadien.

Avec tous les succès qu'il a connus sur la patinoire et à l'extérieur de celle-ci, il était tout naturel que Béliveau soit sollicité de toutes parts. On lui a même offert de retourner au Colisée jouer pour les Nordiques de Québec, de la toute nouvelle Association mondiale de hockey, une ligue rivale de la LNH qui devait amorcer ses activités en 1972. Les Nordiques lui ont offert un million de dollars, plus qu'il n'a touché en 18 saisons dans la LNH, pour joindre l'organisation, d'abord comme joueur, puis dans un rôle administratif. Même si la proposition était alléchante, Béliveau l'a refusée. Fidèle à ses convictions, il a fait comprendre aux Nordiques que la qualité de son jeu n'aurait pas pu être à la hauteur de son salaire.

Au fil des années, Béliveau a maintes fois été sollicité pour se lancer en politique et même pour occuper un siège au Sénat canadien, mais il a toujours décliné les propositions. Il a même refusé de devenir Gouverneur général du Canada parce qu'il souhaitait passer plus de temps auprès de ses petites-filles. Mylène et Magalie sont les enfants de sa fille Hélène. Lorsque le mari d'Hélène est décédé subitement, Jean et sa conjointe Élise ont convenu de faire leur possible pour aider la famille. Béliveau a surpris le monde du hockey en

Jean « Le Gros Bill » avec une réplique de son chandail d'équipe, le numéro 4, au Temple de la renommée du hockey à Toronto.

mettant en vente à l'encan ses souvenirs du hockey, comme des bagues, des chandails et des bâtons. Béliveau s'était dit chagriné lorsque son ancien coéquipier Maurice Richard avait posé le même geste auparavant, mais peu à peu, l'idée a fait son chemin auprès de la famille Béliveau, qui voyait là une façon d'aider financièrement ses petites-filles. L'encan a été un franc succès : près d'un million de dollars ont été dépensés par les admirateurs de la légende du Canadien.

> « Tout parent devrait citer Jean Béliveau en exemple. Il projette tellement une image formidable sur le hockey. »
> — Clarence Campbell, président de la LNH

Toujours sous le feu des projecteurs, Béliveau n'a pas craint de se prononcer pendant le lock-out de la LNH en 1994. Il a dit aux joueurs de la LNH qu'ils ne gagneraient pas cette bataille contre les dirigeants des équipes. À titre d'ancien administrateur d'une équipe de la LNH, Béliveau savait fort bien que plusieurs équipes perdaient de l'argent et que de nombreux emplois étaient en péril. Il s'est aussi élevé contre la détérioration de la qualité du jeu en raison des accrochages, des retenues et des obstructions. Béliveau a déclaré : « Le hockey, c'est un coup de patin rapide, des passes précises et un jeu défensif impeccable et intelligent ». Bien qu'il n'ait pas pris part directement à la refonte des règles destinées à améliorer la qualité du jeu, ses commentaires ont néanmoins influencé les autorités.

À la retraite depuis 1971, Béliveau est demeuré un héros

pour plusieurs. En 2009, l'astronaute canadien Bob Thirsk a demandé à s'entretenir avec le légendaire Béliveau en direct de la Station spatiale internationale. Thrisk avait apporté avec lui pour sa visite dans l'espace, une photographie de Béliveau portant l'uniforme du Canadien. Un des hommages les plus inusités a été l'œuvre des frères Chip et Tom Hunter, de Florenceville, au Nouveau-Brunswick. Les frères Hunter ont conçu un labyrinthe de 180 mètres de long à l'image de Béliveau dans un champ de maïs. La conception a été inspirée d'une célèbre photographie de Béliveau patinant à grandes enjambées, la tête bien haute. Les frères Hunter s'attendaient à accueillir plus de 7 000 visiteurs qui marcheraient à travers le labyrinthe de Béliveau!

Jean Béliveau a quitté ses fonctions à la direction du Canadien le 31 août 1993, le jour de son 62e anniversaire de naissance. De 1971 à 1993, le Canadien a remporté sept autres Coupes Stanley (1973, 1976, 1977, 1978, 1979, 1986 et 1993) portant à 17 le nombre de fois où le nom de Béliveau a été inscrit sur le célèbre trophée – un exploit que personne d'autre ne peut revendiquer. Jusqu'à ce jour, il occupe toujours une place de choix dans le cœur des amateurs de hockey. Béliveau avait compris l'impact de la télévision et l'importance de servir d'exemple pour son entourage. Il avait déclaré : « Je dois donner l'exemple. C'est étonnant ce que les enfants peuvent retenir de vous. Ils veulent faire les choses exactement comme vous le faites. »

Béliveau a notamment fait bonne impression sur un jeune

homme du nom de Wayne Gretzky. « La Merveille » a regardé jouer Béliveau à *Hockey Night in Canada* lorsqu'il était jeune et son père, Walter, lui a répété à maintes reprises à quel point Béliveau était attentionné, intelligent et sans prétention. Gretzky a remarqué le comportement courtois de Béliveau dans la victoire et surtout, le jeune homme de Brantford a remarqué le nombre de fois où le capitaine du Canadien de Montréal a été couronné champion.

> « Jean Béliveau a été le premier à jouer de façon élégante, sans avoir à recourir à la rudesse et sans avoir à se battre... À plus d'un point de vue, mon jeu ressemblait davantage au sien qu'à celui de quiconque d'autre ».
> — Wayne Gretzky

Jean Béliveau a gagné le respect de tous et il sera toujours considéré comme une légende. Béliveau s'est déjà dit fier d'être Canadien et d'être un joueur du Canadien. Et tous les amateurs de hockey en sont fiers aussi.

JEAN BÉLIVEAU

Date et lieu de naissance :
31 août 1931 à Trois-Rivières au Québec

Taille : 1,91 m

Poids : 93 kg

Position : Joueur de centre

Tir : De la gauche

Équipe : Canadien de Montréal

Carrière : 1950–1971

Temple de la renommée : 1972

SAISON RÉGULIÈRE

Saison	ÉQUIPE	MJ	B	A	PTS	PUN
1950–51	Canadien de Montréal	2	1	1	2	0
1952–53	Canadien de Montréal	3	5	0	5	0
1952-53	Canadien de Montréal	3	5	0	5	0
1953–54	Canadien de Montréal	44	13	21	34	22
1954–55	Canadien de Montréal	70	37	36	73	58
1955–56	Canadien de Montréal	70	47	41	88	143
1956–57	Canadien de Montréal	69	33	51	84	105
1957–58	Canadien de Montréal	55	27	32	59	93
1958–59	Canadien de Montréal	64	45	46	91	67
1959–60	Canadien de Montréal	60	34	40	74	57
1960–61	Canadien de Montréal	69	32	58	90	57
1961–62	Canadien de Montréal	43	18	23	41	36
1962–63	Canadien de Montréal	69	18	49	67	68
1963–64	Canadien de Montréal	68	28	50	78	42
1964–65	Canadien de Montréal	58	20	23	43	76
1965–66	Canadien de Montréal	67	29	48	77	50
1966–67	Canadien de Montréal	53	12	26	38	22
1967–68	Canadien de Montréal	59	31	37	68	28
1968–69	Canadien de Montréal	69	33	49	82	55
1969–70	Canadien de Montréal	63	19	30	49	10
1970–71	Canadien de Montréal	70	25	51	76	40
Totaux LNH		**1125**	**507**	**712**	**1219**	**1029**

ÉLIMINATOIRES

Saison	ÉQUIPE	MJ	B	A	PTS	PUN
1953–1954	Canadien de Montréal	10	2	8	10	4
1954–1955	Canadien de Montréal	12	6	7	13	18
1955–1956	Canadien de Montréal	10	12	7	19	22
1956–1957	Canadien de Montréal	10	6	6	12	15
1957–1958	Canadien de Montréal	10	4	8	12	10
1958–1959	Canadien de Montréal	3	1	4	5	4
1959–1960	Canadien de Montréal	8	5	2	7	6
1960–1961	Canadien de Montréal	6	0	5	5	0
1961–1962	Canadien de Montréal	6	2	1	3	4
1962–1963	Canadien de Montréal	5	2	1	3	2
1963–1964	Canadien de Montréal	5	2	0	2	18
1964–1965	Canadien de Montréal	13	8	8	16	34
1965–1966	Canadien de Montréal	10	5	5	10	6
1966–1967	Canadien de Montréal	10	6	5	11	26
1967–1968	Canadien de Montréal	10	7	4	11	6
1968–1969	Canadien de Montréal	14	5	10	15	8
1970–1971	Canadien de Montréal	20	6	16	22	28
Totaux LNH		**162**	**79**	**97**	**176**	**211**

WAYNE GRETZKY

PEUT-IL GAGNER UNE COUPE STANLEY?

Les Oilers d'Edmonton s'apprêtaient à disputer leur 99e match de la saison le soir du 19 mai 1984. Leurs partisans les ont acclamés, car ils souhaitaient que leurs favoris mettent un terme à la dynastie des Islanders de New York – champions de la Coupe Stanley au cours des quatre dernières années. En avance 3-1 dans la série, les jeunes Oilers n'avaient besoin que d'une victoire pour détrôner les Islanders. Toute la pression reposait sur les épaules des Oilers qui devaient gagner sur leur patinoire, sinon, il leur faudrait disputer les deux derniers matchs devant la foule hostile de New York. Bien qu'ils aient été de sérieux aspirants au titre au cours des trois dernières années, les Oilers n'avaient jamais remporté un championnat. Et l'année précédente, les Islanders les avaient éliminés en quatre matchs consécutifs en grande finale.

Naturellement, Wayne Gretzky allait être le point de mire. Le talentueux joueur de centre des Oilers, n'avait pas marqué contre

New York lors de la finale de 1983, mais Gretzky commençait à marquer dans cette série. Ses deux buts avaient aidé les Oilers à gagner le quatrième match 7-2 mais maintenant, la Coupe était à leur portée. « La Merveille », capitaine des Oilers, allait-il permettre à son équipe de venir à bout des Islanders?

Gretzky était réellement « La Merveille ». C'était comme s'il avait anticipé ce moment pendant toute sa carrière dans le hockey. Il a marqué deux buts en première période, le premier sur une échappée et l'autre après avoir capté une passe de son coéquipier Jari Kurri. Les Oilers ont marqué deux autres buts en deuxième période et menaient 4-0 après 40 minutes de jeu. Mais les Islanders ont quelque peu refroidi l'ardeur des partisans des Oilers en marquant deux buts tôt en troisième période. Le brio du gardien de but Andy Moog a aidé les Oilers à contrer les efforts des Islanders, déterminés à conserver leur titre. Les minutes se sont écoulées et devant une foule en délire, les Oilers ont porté le compte à 5-2 avec un but dans un filet désert. Et pendant les dernières secondes de jeu, Bob Cole, commentateur de *Hockey Night in Canada*, s'est exclamé : « Les Oilers ont gagné la Coupe Stanley! »

Les joueurs des Oilers se sont rués vers leur gardien de but, ils pouvaient enfin célébrer leur première conquête de la Coupe Stanley. Le président de la LNH, John Zeigler, s'est présenté au centre de la patinoire avec le trophée tant convoité, puis Gretzky l'a soulevé au-dessus de sa tête. Ce n'était pas uniquement la victoire de l'équipe, mais aussi celle de son jeune capitaine.

Devant les journalistes, Gretzky était pratiquement bouche bée. « Je ne sais pas comment décrire ce que je ressens, a-t-il dit, visiblement ému. Nous avons joué du grand hockey. Nous avons bien joué en équipe tout au long de la série. J'ai attendu 25 ans pour vivre ce moment. Les Islanders ont été de grands champions. Nous souhaitons devenir aussi bons qu'eux. »

En entrevue avec le *Toronto Star*, Wayne a dit : « Lorsque le président de la LNH m'a présenté le trophée, une image m'est revenue à l'esprit, celle de Jean Béliveau acceptant la Coupe après une victoire du Canadien. Aujourd'hui, c'est à mon tour. C'est la réalisation d'un grand rêve. »

Les Oilers n'ont pas tardé à s'imposer eux aussi en grands champions et grâce au brio et au leadership de Wayne Gretzky, ils ont façonné leur propre dynastie. Wayne a connu plusieurs autres soirées mémorables dans la LNH, mais très peu se comparent à la soirée de sa première conquête de la Coupe Stanley.

LE PETIT GARS DE BRANTFORD

Le père de Wayne Gretzky, Walter, a grandi sur une ferme sur le bord de la rivière Nith, près de Canning, en Ontario. Au niveau junior « B », il était un joueur habile et intelligent. Il avait même obtenu un essai avec les Malboroughs de Toronto, mais on lui avait dit qu'il n'était pas suffisamment doué pour accéder au plus haut niveau du hockey junior. À la fin de sa carrière de hockey, il a été engagé chez Bell Canada et est demeuré à son emploi pendant les 34 années suivantes.

À l'âge de 19 ans, Walter a fait la connaissance de Phyliss Hockin, une jeune fille elle aussi mordue du sport. Ils se sont mariés en 1960 et ont déménagé dans la ville voisine de Brantford où ils ont élevé une famille de cinq enfants : l'aîné, Wayne, né le 26 janvier 1961, puis Kim, Keith, Glen et Brent. Les parents ont encouragé la pratique du sport pour tous leurs enfants, mais ne les ont jamais forcés à pratiquer un sport qu'ils n'aimaient pas. Ils croyaient cependant que la participation à un

Gretzky, âgé d'environ 7 ans, sur la patinoire de sa cour arrière

sport était un excellent moyen de rendre leurs enfants heureux et d'éviter les ennuis.

Wayne avait deux ans la première fois que Walter l'a amené patiner à la patinoire du coin. Il avait peine à contenir l'enthousiasme de son fils. Wayne a tellement insisté pour apprendre à patiner et à jouer au hockey que Walter a compris qu'il valait mieux aménager une patinoire dans la cour arrière s'il voulait demeurer bien au chaud. Wayne avait donc six ans lorsque Walter a construit le « Colisée de Wally » dans la cour arrière du 42 avenue Varadi. Wayne pouvait dorénavant jouer au hockey avant et après l'école et toute la journée pendant les fins de semaine, tandis que son père restait au chaud dans la maison. Papa Gretzky avait même installé des lumières sur une corde à linge, permettant à Wayne de s'entraîner en soirée. Son père l'a aidé à développer ses habiletés en lui faisant faire certains exercices. Par exemple, Walter utilisait des contenants vides de détergent comme cônes afin que Wayne s'exerce à manier le bâton. Une table à pique-nique, placée devant le filet, permettait aussi à Wayne de s'entraîner à viser les coins du filet.

Comme tant d'autres Canadiens, Wayne ne manquait pas de regarder *Hockey Night in Canada*, la plupart du temps à la ferme de sa grand-mère Mary. Elle adorait Frank Mahovlich, des Maple Leafs de Toronto tandis que Wayne n'avait d'yeux que pour Gordie Howe, des Red Wings de Detroit.

Wayne travaillait même ses habiletés durant les matchs télévisés. Il dessinait la patinoire sur une feuille de papier, puis traçait la trajectoire de la rondelle sans lever son crayon, ce qui lui montrait les endroits où la rondelle se trouvait la plupart du temps. Il a ainsi développé un sens inné qui lui a permis de suivre la règle d'or de son père : « Élance-toi toujours là où la rondelle se dirige, pas à l'endroit où elle se trouvait. ». Ces paroles sont devenues célèbres avec le temps.

Lors de ces soirées à la ferme, sa grand-mère n'avait pas d'objection à servir de gardienne de but alors que Wayne essayait de la déjouer avec un petit bâton souvenir et une rondelle en plastique. Et c'est aussi sa grand-mère qui l'a amené à son premier match de la LNH à l'occasion d'un match des Leafs contre les Seals d'Oakland, au Maple Leaf Gardens.

À l'âge de six ans, Wayne voulait absolument faire partie d'une équipe de hockey. Malheureusement, le hockey structuré pour des jeunes de moins de dix ans n'existait pas à l'époque à Brantford. Walter est parvenu à obtenir un essai pour son fils. En raison de son coup de patin supérieur à la moyenne, Wayne a pu endosser l'uniforme des Nadrofsky Steelers de Brantford – une équipe formée de joueurs âgés de 10 ans. Très peu utilisé, Wayne est quand même parvenu à marquer un but pendant la saison 1967-1968. C'était un début. Il a connu plus de succès la saison suivante en trouvant le fond du filet 27 fois. À sa troisième année avec les Steelers – âgé seulement de huit ans – il a marqué 104 buts en 62 matchs. En 1970-1971, il a réussi 196 buts en 76 matchs. Dès lors, le nom du jeune si talentueux de Brantford était sur toutes les lèvres. Ce qui ne fut pas sans causer un problème.

QUITTER LA MAISON POUR TORONTO

Au début de la saison 1971-1972, Wayne n'avait que 10 ans et il marquait des buts à un rythme effarant. Le chroniqueur de hockey du Toronto Telegram, John Iaboni, s'est rendu à Brantford en octobre 1971 pour aller voir jouer celui que les gens appelaient maintenant « Le Grand Gretzky ». Iaboni était présent lorsque Gretzky a connu un match de cinq buts et deux mentions d'aide et il a remarqué qu'il portait le chandail numéro neuf en l'honneur de Gordie Howe. Il a été impressionné de constater que Wayne avait joué au centre, à la défense, en désavantage numérique et était un spécialiste de l'attaque à cinq. Gretzky, l'article précise, a mené l'équipe vers les championnats.

Conscient du talent de Wayne, Walter Gretzky a prévenu son fils que tous les regards seraient braqués sur lui en tout temps, d'où l'importance de donner le meilleur de lui-même à chaque match. Le conseil n'est pas tombé dans l'oreille d'un sourd, même s'il n'avait que 10 ans : cette saison-là, Wayne a marqué 378 buts en 85 matchs avec les Steelers.

Wayne était un garçon tranquille et réservé et il n'aimait pas être le centre d'attention. Cet intérêt ne provenait pas tellement de ses coéquipiers ou des autres joueurs, mais plutôt des parents et des entraîneurs des autres équipes. Wayne a été la cible de sarcasmes, a été ridiculisé et a même été menacé. Plusieurs le traitaient de « mangeur de rondelle », même s'il amassait sa part de mentions d'aide. Si son équipe subissait la défaite, c'était de la faute de Wayne et s'il était solidement mis en échec, les spectateurs applaudissaient. Tout cela commençait à assombrir le plaisir de pratiquer le sport qu'il adorait.

« Gordie Howe est le genre de joueur que je préfère. Il maîtrisait tellement de trucs autour du filet qu'il ne faut pas se surprendre du nombre de buts qu'il a réussis. J'aimerais tout simplement lui ressembler. »

Fort heureusement, Wayne aimait le hockey beaucoup plus qu'il ne détestait les rumeurs à son sujet et il était toujours prêt à faire mieux la fois suivante. Son entraîneur Bob Hockin (qui était aussi son oncle) se souvient d'un match de tournoi dans lequel son équipe tirait de l'arrière 5-0. Gretzky était revenu au banc des joueurs pour un court moment de répit et Hockin avait dit à son joueur vedette (qui avait presque joué les 60 minutes) qu'il était capable de gagner le match à lui seul. Wayne a ensuite enfilé six buts consécutifs pour mener son équipe à la victoire.

Gretzky âgé de 11 ans avec son idole, Gordie Howe

Et Wayne n'a pas cessé de s'améliorer. La saison suivante, il a marqué 50 buts dans un tournoi de neuf matchs à Hespeler, en Ontario. Puis, le 10 avril 1974, Gretzky a réussi le 1 000e but de sa carrière au hockey mineur.

Mais tout le monde n'était pas d'avis que Wayne avait l'étoffe d'une supervedette. En effet, après une défaite de l'équipe de Gretzky au tournoi international Pee-Wee de Québec en 1974, l'entraîneur-chef de l'équipe d'Oshawa, un ancien défenseur de la LNH, avait dit qu'il préférait avoir le meilleur joueur de son équipe plutôt que Gretzky.

En février 1975, Wayne jouait au Maple Leaf Gardens à l'occasion de la « Journée de Brantford ». Lorsqu'il a été présenté à la foule, il a été hué par les parents. Le jeune joueur âgé de 14 ans a éclaté en sanglots. Il était inconsolable et personne ne parvenait à lui expliquer les raisons qui ont incité les gens à agir de la sorte. Cet incident est probablement ce qui l'a amené à quitter sa ville natale. Il a supplié son père de le laisser aller à Toronto où il ne ferait pas quotidiennement les manchettes. Craignant les dangers de la vie dans une grande ville comme Toronto, Walter s'y est d'abord fermement opposé. Wayne lui a fait remarquer qu'il pouvait tout aussi bien s'attirer des ennuis à Brantford, s'il le voulait. Sachant pertinemment que l'avenir de son fils était dans le hockey, Walter a alors communiqué avec ses connaissances pour placer Wayne dans une équipe de la région de Toronto.

Lorsque certains ont appris que Gretzky souhaitait s'installer à Toronto, ils ont tout fait pour l'en empêcher. Pour pouvoir aller de l'avant, Gretzky devait, une fois de plus, jouer avec des joueurs plus âgés que lui. Pendant deux ans, Gretzky a joué au hockey junior « B » à Vaughan, en Ontario, où, à 14 ans, il a confronté des adversaires qui avaient 20 ans. Plusieurs craignaient que Wayne ne se blesse en jouant contre des joueurs plus âgés, mais il a vite rassuré tout son entourage – dont son père – en marquant deux buts dès son premier match avec les Nationals. Gretzky a mis un peu de temps à s'adapter, mais il a tout de même inscrit 27 buts, en seulement 28 matchs, à sa première saison avec les Nationals de Vaughan, puis 36 autres en 32 matchs avec les Nationals de Seneca en 1976-1977.

Wayne s'est ennuyé de sa famille pendant la saison de hockey et il a souvent trouvé le temps long, mais au moins, il pouvait jouir d'une certaine intimité. Et lorsqu'il a entrepris sa carrière chez les juniors, un nouveau défi l'attendait.

LE SAUT DANS L'ASSOCIATION MONDIALE DE HOCKEY

En 1977, les Greyhounds de Sault Ste. Marie ont fait de Wayne Gretzky le troisième choix au total au repêchage de l'Association de hockey de l'Ontario (AHO). Mais Wayne n'avait pas du tout l'intention de jouer pour eux. À 16 ans, il ne voulait pas vivre aussi loin de sa famille. Toutefois Angelo Bumbaco, gérant des Greyhounds a convaincu la famille Gretzky de venir visiter la ville. À leur arrivée, les Gretzky ont rencontré la famille de Steve Bodnar, un ancien coéquipier de Wayne au hockey mineur à Brantford. Il a été convenu que Wayne serait hébergé dans la famille Bodnar s'il acceptait de jouer pour les Greyhounds. Se sentant à l'aise avec l'idée, Wayne a accepté de jouer à Sault Ste. Marie en 1977-1978. On lui avait aussi promis de défrayer les coûts de ses études advenant qu'une blessure vienne mettre un terme à sa carrière de hockeyeur.

L'entraîneur des Greyhounds, Muzz MacPherson, a laissé Wayne jouer à sa façon. C'est là qu'il a peaufiné son jeu derrière

Gretzky durant le match des étoiles de la Ligue de hockey junior majeur de l'Ontario (aujourd'hui la Ligue de hockey de l'Ontario) en 1978 à Windsor, en Ontario

le filet qui est devenu sa marque dans la LNH. En possession de la rondelle derrière le filet, Wayne pouvait voir ce qui se passait devant lui et ainsi amorcer une pièce de jeu. Son total de mentions d'aide a vite augmenté. C'est avec les Greyhounds qu'il a abandonné le chandail numéro 9 qu'il portait depuis le début de sa carrière au hockey, et qu'il a opté pour le numéro 99. Comme un autre joueur portait déjà le numéro 9, il a essayé le chandail numéro 19 et le numéro 14, puis son entraîneur lui a suggéré d'essayer le numéro 99. À son premier match avec le 99, il a réussi un tour du chapeau. Par la suite, le 99 est devenu le numéro le plus célèbre de l'histoire du hockey.

Cette saison-là, Wayne a été proclamé la recrue par excellence de l'AHO après avoir connu une saison de 70 buts et 112 mentions d'aide pour 182 points en seulement 64 matchs. Il a ajouté 26 autres points en 13 matchs éliminatoires. De plus, il a représenté le Canada aux Mondiaux juniors. Le Canada n'a pas remporté l'or, mais Wayne a néanmoins amassé 17 points (8 buts et 9 aides) en 9 matchs.

Wayne a connu une année fructueuse, mais la saison suivante, lorsque les Greyhounds ont procédé à un changement d'entraîneur. Wayne n'était pas d'accord avec les stratégies de Paul Theriault. Le nouvel entraîneur voulait changer le style de Wayne, malgré ses immenses succès. Il ne faisait pas de doute que Wayne ne reviendrait pas à Sault Ste. Marie pour une autre saison.

À l'époque, Wayne avait confié ses affaires à Gus Badali, l'un des meilleurs agents d'athlètes. Badali a commencé à étudier les options qui s'offraient à Wayne et même s'il n'avait que 17 ans, l'Association mondiale de hockey (AMH) était prête à le mettre sous contrat. L'AMH était un circuit professionnel qui voulait rivaliser avec la LNH. Bien qu'elle existait depuis 1972, l'AMH éprouvait de la difficulté à vendre ses billets. Elle pensait que Gretzky allait rallier plus de spectateurs. Nelson Skalbania, propriétaire des Racers d'Indianapolis, a signé une entente contractuelle le liant personnellement à Gretzky et lui a versé la somme de 250 000 $ en prime d'engagement. (Le contrat était avec Skalbania, et non avec l'équipe, ce qui signifiait que Skalbania pouvait en honorer les conditions ou le vendre). Wayne a également touché un salaire de 100 000 $ la première année, 150 000 $ l'année suivante et 175 000 $ à partir de la quatrième année du contrat. Et dire que l'été précédent, Gretzky touchait 5 $ de l'heure pour remplir des nids-de-poule pour le compte d'une entreprise spécialisée dans l'entretien des routes. C'était toute une augmentation de salaire!

La carrière de Gretzky avec les Racers n'aura duré que le temps de jouer huit matchs (trois buts et trois aides). Skalbania lui a alors dit qu'il n'était plus en mesure de respecter son contrat en raison de la faible assistance des partisans aux matchs. Il lui a demandé avec quelle équipe il voudrait être échangé, Edmonton ou Winnipeg. Gretzky a préféré Edmonton (il s'agissait d'une ville canadienne dotée d'un nouvel amphithéâtre) à Winnipeg et s'est vite retrouvé à bord d'un avion en direction de l'Alberta.

« Nelson Skalbania m'a téléphoné et m'a dit " Je perds trop

d'argent; je dois t'échanger. Veux-tu aller à Winnipeg ou à Edmonton? " Je voulais aller à Edmonton parce que je croyais que l'équipe avait plus de chances de se joindre à la LNH », a dit Gretzky, en évoquant les circonstances de la transaction.

Peter Pocklington, propriétaire des Oilers d'Edmonton, a versé 850 000 $ à Skalbania pour les services de Gretzky et ceux de deux autres joueurs. Wayne a terminé la saison 1978-1979 avec sa nouvelle équipe. En 72 matchs, il a inscrit 43 buts et récolté 103 points. Même si les Oilers se sont inclinés devant Winnipeg en finale de l'AMH, Wayne était satisfait de sa saison : il avait réalisé un rêve d'enfance en jouant aux côtés de son idole, Gordie Howe, lors du match des Étoiles de l'AMH. Howe avait effectué un retour au jeu pour adhérer au rang du nouveau circuit. Meneur de tous les temps de la LNH pour les buts et les points, Howe a prédit que Gretzky éclipserait un jour tous ses records.

Le jour de ses 18 ans, le 26 janvier 1979, Gretzky a paraphé une entente qui le liait aux Oilers jusqu'en 1999. Pocklington tenait à en venir à une entente à long terme avec Gretzky avant que la LNH ne le courtise. Anticipant la fusion imminente de l'AMH et de la LNH, les Oilers misaient énormément sur Gretzky. La fusion s'est produite au milieu de la saison et les Oilers ont été autorisés à garder Gretzky, même si tous les autres joueurs de son âge de l'AMH devaient passer par le repêchage amateur de la LNH. Cependant, la LNH a décrété que Gretzky n'était pas admissible au titre de recrue par excellence parce qu'il avait déjà évolué pendant une saison au hockey professionnel dans l'AMH. (Gretzky avait été proclamé la meilleure recrue dans l'AMH).

Malgré les statistiques éloquentes de Gretzky depuis le début de sa carrière, certains doutaient qu'il soit capable de réussir dans la LNH. On le disait trop petit et trop lent. En outre, certains croyaient qu'il n'était sûrement pas assez robuste. Ces commentaires ne l'ont pas dérangé du tout. Le style de jeu pratiqué dans la LNH n'intimidait pas Gretzky et il croyait fermement pouvoir devenir un grand joueur. Il a fait taire tous les critiques en marquant 51 buts tout en menant la ligue avec 96 mentions d'aide. Il était à égalité sur le plan des points accumulés, soit 137, avec Marcel Dionne, des Kings de Los Angeles, au premier rang des marqueurs. Dionne a remporté le trophée Art Ross parce qu'il avait marqué un but de plus que lui. Gretzky a cependant reçu le trophée Hart remis au joueur le plus utile à son équipe de la LNH.

Gretzky a écarté tout doute à propos de ses chances de survie dans la LNH. Puis en intégrant d'autres joueurs vedettes à leur formation, les Oilers ont vite dominé la LNH, et ce, pour pratiquement les dix années qui ont suivi.

UNE GRANDE ÉQUIPE DE HOCKEY

À l'arrivée de Gretzky à Edmonton, l'entraîneur et directeur général Glen Sather lui a dit que non seulement l'équipe allait-elle joindre les rangs de la LNH, mais qu'il en deviendrait un jour le capitaine.

Même le vétéran gardien de but Ron Low des Oilers y est allé d'une audacieuse prédiction : « Cette équipe participera à la finale de la Coupe Stanley d'ici trois ans. Toute équipe qui compte Wayne Gretzky dans ses rangs doit y parvenir. Il est tellement bon. »

Malgré tout son talent, Gretzky ne pouvait mener son équipe à la Coupe Stanley à lui seul. Sather et son personnel ont entrepris de l'entourer de bons joueurs. Les futurs membres du Temple de la renommée Mark Messier, Paul Coffey, Grant Fuhr, Jari Kurri et Glenn Anderson ont tous amorcé leur carrière avec Edmonton. Les Oilers ont attiré l'attention une première fois dans les séries éliminatoires de 1981 lorsqu'ils ont éliminé le puissant Canadien de Montréal et sa supervedette Guy Lafleur en trois matchs consécutifs au premier tour des séries. Ils ont toutefois subi le

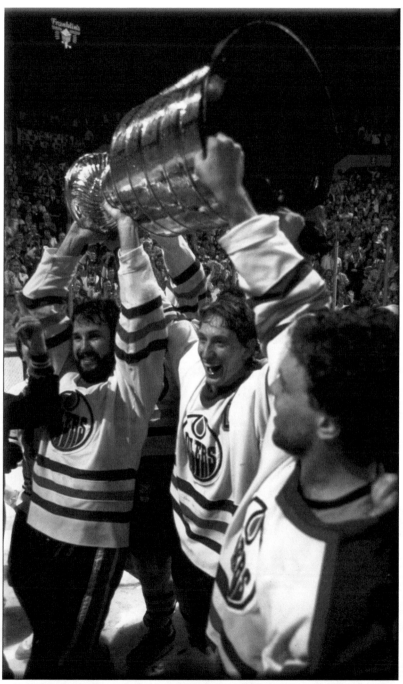
Wayne célèbre sa première coupe Stanley.

même sort, la saison suivante, aux mains des Kings de Los Angeles, une équipe beaucoup moins redoutable qu'eux. Plusieurs se sont alors demandé si les Oilers avaient ce qu'il fallait pour gagner aux moments opportuns. Sather a résisté à la tentation d'apporter plein de changements, sachant que ce n'était qu'une question de temps avant que sa formidable équipe ne s'impose pour de bon. Son équipe avait été bâtie en fonction du style de jeu des années 1980 – une équipe agressive et basée sur une offensive explosive.

> « Il faut que je marque des buts. C'est aussi simple que ça. »

En même temps que les Oilers apprenaient à gagner, Gretzky battait un nombre impressionnant de records de la LNH. En 1981-1982, il a marqué un nombre record de 92 buts et amassé 212 points. De plus, il a atteint la marque des 50 buts en une saison à son 39e match de la saison seulement. Il éclipsait ainsi l'ancienne marque de Maurice Richard et de Mike Bossy qui avaient inscrit 50 buts au cours des 50 premiers matchs de la saison. Dans le pur style Gretzky, il a atteint les 50 buts en marquant cinq buts en un seul match le 30 décembre 1981. Gretzky a connu deux autres saisons de plus de 200 points avec les Oilers et a récolté 100 mentions d'aide ou plus dans huit saisons consécutives. Il n'a jamais marqué moins de 51 buts avec les Oilers et il a mérité le trophée Art Ross huit fois de suite. Il a également reçu le trophée Hart à huit occasions avec Edmonton.

« C'est pire qu'avec Bobby Orr, a dit Bobby Clarke, des Flyers de Philadelphie. Au moins, Orr se mettait en marche à partir de sa propre zone et on pouvait le voir venir. Gretzky, lui, apparaît de nulle part. »

Une performance aussi remarquable a valu à Gretzky une renommée à l'échelle mondiale et des occasions d'affaires sans pareilles. Gretzky est devenu le porte-parole de compagnies d'assurances, de vêtements, de tablettes de chocolat, de boissons gazeuses, de boîtes à lunch, de jeux de hockey sur table, pour ne nommer que ceux-là. Walter a guidé son Wayne dans l'analyse des propositions d'affaires et de l'utilisation de l'image de son fils. Wayne a également été proclamé l'athlète de l'année par le magazine *Sports Illustrated* en 1982, un exploit rare pour un joueur de hockey (Bobby Orr a été le seul autre) et encore plus rare pour un athlète né au Canada.

Gretzky a joué au hockey comme personne d'autre auparavant. Avec un gabarit de 1,79 m et 82 kg, il a compris qu'il ne pouvait survivre en préconisant un style de jeu robuste. Il a donc trouvé refuge derrière le filet et a pu ainsi orchestrer tellement de buts.

« Les autres équipes ne savaient pas comment me contrer lorsque je me retrouvais derrière le filet », a-t-il dit au sujet de sa place préférée sur la patinoire, baptisé « Le bureau de Gretzky ».

« Plus mes coéquipiers devenaient à l'aise à mes côtés, plus les adversaires avaient de la difficulté à les surveiller... Nous avons fait la vie dure aux autres équipes. Elles ne savaient vraiment plus quoi faire. »

Il a aussi appris à se servir des bandes pour faire ricocher la rondelle, puis se relancer à sa poursuite. Gretzky en faisait

Wayne en 1996 avec le trophée Jean Béliveau remis par Hockey Canada

voir de toutes les couleurs aux défenseurs lorsqu'il s'élançait le long de la patinoire, puis bifurquait rendu à la ligne bleue au moment où tous croyaient qu'il se dirigerait vers le filet. En agissant ainsi à l'entrée du territoire de l'adversaire, il pouvait repérer un coéquipier à découvert et lui refiler la rondelle. Il a peaufiné ce jeu à la perfection avec l'ailier Jari Kurri. Gretzky n'était pas le patineur le plus rapide de la ligue, mais il pouvait accélérer au besoin et à défaut d'être le plus puissant, son tir était le plus précis. L'un de ses buts les plus mémorables est survenu en prolongation contre les Flames de Calgary pendant les séries de 1988. Tout juste de l'extérieur du cercle des mises en jeu, il avait surpris le gardien de but Mike Vernon d'un tir au-dessus du bras et les Flames avaient subi l'élimination en quatre matchs.

La prédiction de Ron Low s'est avérée juste : les Oilers ont atteint la finale de la Coupe Stanley en 1983, subissant l'élimination en quatre matchs face aux Islanders de New York. Sather avait formé une équipe composée d'un excellent gardien de but et de bons joueurs de défense comme Andy Moog, Lee Fogolin et Kevin Lowe. Les joueurs d'avant étaient les talentueux Mike Krushelnyski, Dave Semenko et Keith Acton.

Une première conquête de la Coupe Stanley a donné aux Oilers la confiance nécessaire pour remporter plusieurs autres championnats. Ils ont mis la main sur la Coupe en 1984, 1985, 1987 et 1988. Seul un but chanceux des Flames en 1986 a privé les Oilers de remporter le titre cinq fois consécutives. Plusieurs ont comparé cette formation des Oilers aux grandes équipes du Canadien de Montréal des années 1950 et 1970. Au moment de la prise de la photo d'équipe au centre de la patinoire après leur conquête de 1988 contre les Bruins de Boston, plusieurs se demandaient combien d'autres Coupes cette équipe allait remporter puisque plusieurs joueurs étaient à l'apogée de leur carrière. À 27 ans, Gretzky pouvait envisager quatre autres bonnes années avec les Oilers avant de devenir joueur autonome.

Toutefois, après le dernier match contre les Bruins, Walter Gretzky attendait son fils avec une mauvaise nouvelle.

Wayne joue contre son ancienne équipe.

LA TRANSACTION QUI A SECOUÉ UN PAYS TOUT ENTIER

Peter Pocklington souhaitait faire signer un nouveau contrat à Wayne Gretzky même s'il lui avait consenti une entente de 1,5 million de dollars par année en 1987 (son ancienne entente de 21 ans avait déjà été remplacée). Le problème est que Gretzky aurait 31 ans à la fin de l'entente. Par la suite, il allait devenir joueur autonome sans compensation, ce qui signifiait qu'il pourrait quitter les Oilers sans que ces derniers n'obtiennent quoi que ce soit en retour du meilleur joueur au monde. Pocklington a étudié la possibilité de mettre en vente des actions des Oilers, mais pour ce faire, il fallait que Gretzky, son atout principal, accepte une entente à plus long terme. La rumeur selon laquelle Pocklington avait besoin de liquidités pour renflouer ses autres entreprises circulait. Le propriétaire des Oilers se disait aussi que Gretzky vieillissait, malgré ses succès retentissants en séries éliminatoires (il a été le meilleur marqueur des séries quatre fois avec les Oilers). Naturellement, d'autres équipes de la LNH étaient prêtes à payer cher pour obtenir les services de Gretzky. Les Kings de Los Angeles étaient du groupe et ont convaincu Pocklington d'étudier la possibilité d'échanger Gretzky.

Pendant ce temps, Gretzky a épousé l'actrice Janet Jones à Edmonton, le 16 juillet 1988, dans ce que plusieurs ont appelé le « mariage royal canadien ». Ce fut le dernier moment de bonheur de Gretzky à Edmonton. Peu de temps après, il a reçu un appel téléphonique surprenant de Bruce McNall, propriétaire des Kings, qui lui a dit qu'il avait la permission de Pocklington de lui faire part d'une possibilité d'échange. Furieux, Gretzky a téléphoné à son père et lui a dit que c'en était fini avec les Oilers. Le bruit n'a pas tardé à courir et le 9 août, les Oilers n'avaient d'autres choix que de confirmer l'entente. Gretzky aurait bien aimé rester à Edmonton et continuer à jouer pour une grande équipe, mais il ne pouvait pas laisser passer cette occasion de devenir le joueur le mieux payé de la LNH, une distinction amplement méritée. C'était peut-être aussi une occasion pour sa conjointe de reprendre sa carrière d'actrice à Los Angeles. Gretzky était conscient que bientôt les Oilers ne seraient plus en mesure de garder tous leurs meilleurs joueurs.

« *Je savais que ce serait une grosse affaire. Mais je ne m'attendais pas à ce que ce soit aussi gros.* » Les adieux ont été douloureux pour Gretzky, mais sa décision était prise.

« J'ai beaucoup de respect pour tous les partisans qui m'ont appuyé au fil des années », a-t-il dit en conférence de presse, un mouchoir à la main. Il s'est tamponné les yeux en essayant de contenir ses larmes. Finalement, il a quitté la table et a tenté de reprendre son calme. D'un bout à l'autre du Canada, on avait l'impression qu'un trésor national avait été vendu aux Américains.

Les Kings ne formaient pas une grande équipe. Pour mettre la main sur Gretzky, ils ont sacrifié Jimmy Carson, un marqueur de 50 buts, en plus de céder quelques choix au repêchage et de verser 15 millions de dollars aux Oilers. Gretzky a étalé ses talents d'habile négociateur en aidant McNall à attirer à Los Angeles quelques joueurs des Oilers (Marty McSorley et Mike Krushelnyski).

À sa première saison avec les Kings, Gretzky a remporté une fois de plus le trophée Hart avec une saison de 168 points et a aidé son équipe à éliminer les Oilers en sept matchs en séries éliminatoires. C'est avec les Kings que Gretzky est devenu le meilleur pointeur de l'histoire de la LNH en éclipsant la marque de 1 850 points de Gordie Howe, à Edmonton par surcroît, avant de reléguer aux oubliettes la marque de 801 buts de Howe en marquant le 802e de sa carrière.

« J'ai battu le record de Gordie Howe pour les mentions d'aide. L'ancienne marque était de 1 049. C'est un exploit dont je suis fier », a dit Gretzky. « J'ai éclipsé cette marque en 681 matchs… Vous ne m'entendrez jamais me vanter de mes buts, mais je peux vous parler longtemps de mes mentions d'aide. Le hockey est un sport d'équipe, et à mes yeux, les aides représentent la statistique d'équipe la plus importante. »

Wayne avait beau établir des marques individuelles, son équipe continuait à tirer de l'arrière. Mais en 1992-1993, les Kings ont atteint la série finale pour la première fois de leur histoire. Après avoir raté plusieurs matchs en début de saison, Wayne a entrepris les séries éliminatoires au meilleur de sa forme. Il a offert dans le septième match de la finale de l'Association de l'Ouest sa plus grande performance aux dires de plusieurs. Les Kings ont alors défait Toronto 5-4 au Maple Leaf Gardens.

« Je pense aussi qu'il s'agit du meilleur match que j'ai disputé dans la LNH, a-t-il dit ce soir-là. Parce qu'il s'agissait du 7ᵉ match, le match avait lieu à l'extérieur et j'avais l'impression que c'était les Kings de Los Angeles contre le Canada, pas seulement contre les Maple Leafs. Personne ne croyait en nos chances de victoire, mais nous avons gagné 5-4. J'ai marqué trois buts et obtenu une mention d'aide. »

Gretzky a toujours bien joué à Toronto. Le 29 mai 1993, il a réussi le tour du chapeau pour aider son équipe à triompher des Maple Leafs. C'était l'un de ses derniers grands moments dans la LNH et comme toujours, il en a fait un moment mémorable.

LES DERNIÈRES ANNÉES

En 1995-1996, les Kings n'étaient rien de plus qu'une équipe moyenne dans la LNH et Wayne s'attendait à des changements. Cette saison-là, il a été échangé aux Blues de St. Louis, mais seulement vers la fin de la saison et à l'approche des séries éliminatoires.

Joueur autonome pour la première fois de sa carrière, Gretzky souhaitait jouer pour les Maple Leafs de Toronto, l'équipe qui a nourri son enfance. Les propriétaires des Leafs ne sont pas parvenus à s'entendre avec l'icône nationale et tout laissait croire qu'il prendrait le chemin de Vancouver. Gretzky a plutôt grossi les rangs des Rangers de New York avec lesquels il a disputé les trois dernières saisons de son illustre carrière. À deux occasions, il a mené la ligue pour les mentions d'aide pendant son séjour à New York.

Gretzky a porté les couleurs du Canada chaque fois qu'on lui a demandé de le faire, peu importe s'il était épuisé ou non. Il savait que l'on comptait sur lui et il ne lui est jamais venu à l'idée de dire non. Au tournoi Coupe Canada de 1987, il a fait vivre de fortes sensations aux amateurs de hockey canadiens en formant tout un duo avec Mario Lemieux, des Penguins de Pittsburgh. Gretzky avait orchestré le jeu menant au but victorieux de Lemieux contre les Russes, grands rivaux du Canada. Il a endossé le chandail d'Équipe Canada pour la dernière fois aux Jeux olympiques d'hiver de 1998 à Nagano, au Japon. Il n'a pas marqué, mais il a récolté quatre mentions d'aide en six matchs. Pour une raison inexplicable, il n'a pas été utilisé pendant la fusillade et le Canada a subi l'élimination.

La dernière saison de Gretzky n'a pas été particulièrement bonne – les Rangers ont été exclus des séries éliminatoires. En 70 matchs en 1998-1999, il n'a marqué que neuf buts – de loin sa plus faible contribution dans la LNH. Vers la fin de la saison, les rumeurs de retraite ont commencé à circuler. Il a confirmé le tout le 16 avril en disant que le prochain match serait son dernier dans la LNH. Les Penguins de Pittsburgh ont gagné le dernier match de la carrière de Gretzky, 2-1 en prolongation, le 18 avril 1999 à New York, mais pas avant qu'il n'obtienne une dernière mention d'aide, la 1 963e de sa carrière dans la LNH, sur un but de Brian Leetch. Gretzky a patiné autour de la patinoire du Madison Square Garden en saluant la foule avant de quitter la glace pour la dernière fois.

« Je ne voulais pas retirer mon uniforme après le match, a-t-il dit à propos de son dernier match. Je l'ai gardé pendant environ

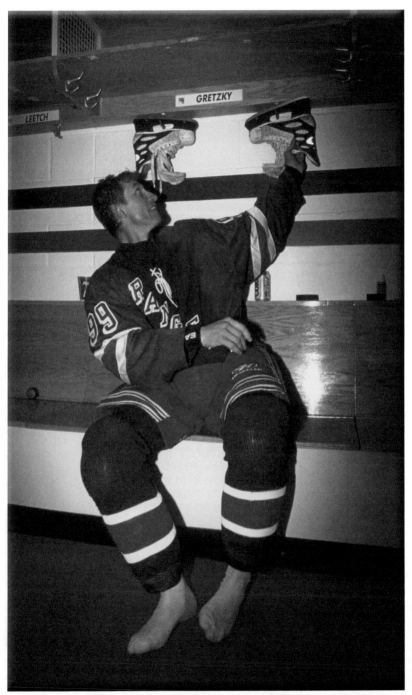

Wayne accroche ses patins après son dernier match dans la LNH.

une heure et demie. Je savais que lorsque je l'enlèverais, ce serait la dernière fois; j'ai donc pris tout mon temps. Mais lorsque j'ai finalement accroché mes patins et enlevé mon chandail pour la dernière fois, une seule pensée m'a traversé l'esprit : « Je suis désolé que ce soit terminé, mais je sais que j'ai pris la bonne décision. »

« Je ne jouerai plus jamais. La prochaine fois que vous me verrez patiner, ce sera avec mes enfants. »

Gretzky a eu de la difficulté à demeurer en dehors du hockey, tout en élevant une grosse famille. Sa femme et lui ont cinq enfants (Paulina, Ty, Trevor, Tristan et Emma Marie). En mai 2000, on lui a offert de s'associer aux Coyotes de Phoenix. Finalement, il a été l'entraîneur de l'équipe de 2005 à 2009, sans connaître trop de succès derrière le banc des joueurs. Lorsque l'équipe a fait faillite en 2009, Gretzky a jugé bon de démissionner. Loin du hockey pour la première fois depuis sa plus tendre enfance, Wayne a eu l'occasion de goûter à d'autres plaisirs de la vie, comme de voir son fils aîné jouer au football. Il aime tellement le hockey qu'il ne faudrait pas se surprendre de le voir un jour reprendre du galon dans un rôle quelconque.

Avant que Gretzky ne dispute son dernier match, la LNH a annoncé le retrait de son numéro 99 de toute la ligue. Il s'agissait d'un hommage approprié pour un joueur qui a bouclé sa carrière avec 894 buts et 2 857 points (deux marques de tous les temps) en 1 487 matchs disputés en plus de 20 saisons.

De sa vie dans le hockey, Gretzky a dit : « Ma carrière dans la LNH m'a permis de vivre une vie formidable entouré de ma famille et de bons amis et d'accumuler beaucoup de beaux souvenirs. »

Les statistiques, le nombre incroyable de trophées individuels, sa passion pour le hockey, les quatre Coupes Stanley et ses 61 marques en carrière au moment de sa retraite sont la preuve que Wayne Gretzky était réellement « La Merveille ».

WAYNE GRETZKY

Date et lieu de naissance :
26 janvier 1961 à Brantford
en Ontario

Taille : 1,82 m

Poids : 84 kg

Position: Joueur de centre

Tir : De la gauche

Équipes : Oilers d'Edmonton, Kings
de Los Angeles, Blues de St.
Louis, Rangers de New York

Carrière : 1978-1999

Temple de la renommée : 1999

SAISON RÉGULIÈRE

Saison	ÉQUIPE	MJ	B	A	PTS	PUN
1979–80	Oilers d'Edmonton	79	51	86	137	21
1980–81	Oilers d'Edmonton	80	55	109	164	28
1981–82	Oilers d'Edmonton	80	92	120	212	26
1982–83	Oilers d'Edmonton	80	71	125	196	59
1983–84	Oilers d'Edmonton	74	87	118	205	39
1984–85	Oilers d'Edmonton	80	73	135	208	52
1985–86	Oilers d'Edmonton	80	52	163	215	46
1986–87	Oilers d'Edmonton	79	62	121	183	28
1987–88	Oilers d'Edmonton	64	40	109	149	24
1988–89	Kings de Los Angeles	78	54	114	168	26
1989–90	Kings de Los Angeles	73	40	102	142	42
1990–91	Kings de Los Angeles	78	41	122	163	16
1991–92	Kings de Los Angeles	74	31	90	121	34
1992–93	Kings de Los Angeles	45	16	49	65	6
1993–94	Kings de Los Angeles	81	38	92	130	20
1994–95	Kings de Los Angeles	48	11	37	48	6
1995–96	Kings de Los Angeles	62	15	66	81	32
1995–96	Blues de St.Louis	18	8	13	21	2
1996–97	Rangers de New York	82	25	72	97	28
1997–98	Rangers de New York	82	23	67	90	28
1998–99	Rangers de New York	70	9	53	62	14
Totaux LNH		**1487**	**894**	**1963**	**2857**	**577**

ÉLIMINATOIRES

Saison	ÉQUIPE	MJ	B	A	PTS	PUN
1979–80	Oilers d'Edmonton	3	2	1	3	0
1980–81	Oilers d'Edmonton	9	7	14	21	4
1981–82	Oilers d'Edmonton	5	5	7	12	8
1982–83	Oilers d'Edmonton	16	12	26	38	4
1983–84	Oilers d'Edmonton	19	13	22	35	12
1984–85	Oilers d'Edmonton	18	17	30	47	4
1985–86	Oilers d'Edmonton	10	8	11	19	2
1986–87	Oilers d'Edmonton	21	5	29	34	6
1987–88	Oilers d'Edmonton	19	12	31	43	16
1988–89	Kings de Los Angeles	11	5	17	22	0
1989–90	Kings de Los Angeles	7	3	7	10	0
1990–91	Kings de Los Angeles	12	4	1	15	2
1991–92	Kings de Los Angeles	6	2	5	7	2
1992–93	Kings de Los Angeles	24	15	25	40	4
1995–96	Blues de St.Louis	13	2	14	16	0
1996–97	Rangers de New York	15	10	10	20	2
Totaux LNH		**208**	**122**	**260**	**382**	**66**

VINCENT LECAVALIER

LA COUPE STANLEY PREND LA ROUTE DU SUD

La finale de la Coupe Stanley de 2004 n'était pas supposée se rendre jusqu'à un septième match. Les Flames de Calgary étaient favoris pour sceller l'issue de la série lors du sixième match disputé devant leurs partisans, mais un but en prolongation du Lightning de Tampa Bay a gâché le plaisir de tous les Canadiens. Et maintenant, en cette soirée du 7 juin, la Coupe risquait de se retrouver en Floride si le Lightning parvenait à remporter une autre victoire. Gagner un septième match décisif n'est jamais facile, même à domicile, mais la foule locale était prête à appuyer solidement son équipe.

« Faites-le pour Dave », pouvait-on lire sur une pancarte tenue par un partisan, en faisant référence au capitaine du Lightning, Dave Andreychuk, en quête d'un championnat pour la première fois après 20 ans de carrière dans la LNH. Une autre pancarte disait : « Vinny : simplement le meilleur. » Le partisan qui avait pris la peine d'écrire ces mots d'encouragement

Vincent soulève la Coupe Stanley lors de sa victoire en 2004.

pour Vincent Lecavalier n'avait pas à s'inquiéter. Lecavalier, le premier choix au total du repêchage amateur de la LNH et manifestement le joueur le plus talentueux du Lightning, était prêt pour ce match. Plus tôt dans la série, après une victoire de Tampa Bay, Lecavalier avait dit : « Nous savons que les Flames forment une équipe qui travaille avec acharnement et qu'ils ont très bien joué, mais nous avons beaucoup de caractère. Nous ne nous remettons pas en question. »

Le Lightning a ouvert la marque sur un but de Ruslan Fedotenko qui a saisi le retour d'un lancer pour déjouer le gardien de but Miikka Kiprusoff en supériorité numérique, à 13 minutes 31 secondes de la première période. Le match est demeuré serré jusqu'à 14 minutes 38 secondes de la deuxième période. Lecavalier a soutiré la rondelle dans le coin de la patinoire, l'a glissée entre les deux défenseurs des Flames avant de repérer Fedotenko dans l'enclave. Fedotenko a décoché un tir qui n'a donné aucune chance à Kiprusoff et procuré au Lightning une avance de 2-0 après 40 minutes de jeu. Les Flames ont redoublé d'ardeur pour revenir dans le match. Ils ont profité d'une supériorité numérique pour réduire l'écart à 2-1 avec un peu plus de dix minutes à jouer. Bien secondé par le brio du gardien de but Nikolai Khabibulin, le Lightning a contré les efforts des Flames et a même tenu le coup pendant une pénalité écopée à une minute de la fin du match. Au son de la sirène, la foule de 22 700 spectateurs s'est soulevée : les partisans ont célébré comme ils ne l'avaient encore jamais fait!

Après coup, Lecavalier a bien voulu livrer son état d'âme sur les quelques années précédentes passées aux côtés de son bon ami Brad Richards, qui venait tout juste de recevoir le trophée Conn Smythe remis au joueur par excellence des séries. « C'est incroyable pour nous deux. Quand nous sommes arrivés ici, nous avons été au dernier rang pendant quatre ans. »

Lecavalier venait sans doute de disputer son meilleur match des séries. Il a gagné 13 mises en jeu (une de moins qu'Andreychuk) en plus de diriger trois tirs au but dans le match décisif.

Après autant d'années à essuyer des défaites, le moment était à la réjouissance pour celui que la plupart des gens considèrent comme le joueur de concession à Tampa Bay. À ce moment précis, Lecavalier et son équipe étaient des champions!

UN ALLER-RETOUR ENTRE LE QUÉBEC ET LA SASKATCHEWAN

Né le 21 avril 1980 à l'Île Bizard, en banlieue de Montréal, Vincent est le plus jeune des trois enfants de Christine et Yvon Lecavalier. Yvon, un athlète accompli ayant même joué au hockey junior, a transmis sa passion pour les sports à Vincent, ainsi qu'à Philippe (le frère de Vincent) et Geneviève (sa sœur). Vincent a commencé à patiner à l'âge de deux ans et demi et il avait toujours un bâton de hockey miniature à portée de la main quand il jouait au sous-sol déjà à ce très jeune âge. Parce qu'il travaillait surtout de nuit, Yvon avait beaucoup de temps libre en après-midi. Aussitôt la sieste de son père terminée, Vincent était toujours prêt à aller patiner à la patinoire du voisinage. Peu importe le froid qui sévissait à l'extérieur, Vincent pouvait toujours compter sur la présence de son père. Il y avait bien peu d'adultes au alentour. Question de se réchauffer un tant soit peu, papa Lecavalier sautillait sur place. Par la suite, c'était le retour dans le confort de la maison où les deux complices parlaient de hockey.

Vincent Lecavalier durant le match des meilleurs espoirs de la LNH en 1998

Il arrivait au père de Vincent de louer du temps de glace à l'aréna local afin de pouvoir prodiguer des conseils à son fils. Vincent a perfectionné son coup de patin et développé son agilité en contournant des cônes orange disposés sur la patinoire. Il s'est amélioré tellement vite qu'à l'âge de quatre ans, il a commencé à jouer dans une ligue de hockey structuré avec des garçons de huit ou neuf ans. Mis au fait des règles et de la façon de se comporter sur la patinoire par son père, Vincent savait où se placer lors des mises au jeu et connaissait déjà le règlement du dégagement interdit. Et n'allez pas croire que Vincent était impressionné outre mesure par les plus vieux. Dès l'âge de six ans, il était devenu une légende locale. Les gens se déplaçaient pour voir ce jeune garçon s'imposer sur la glace et s'attendaient toujours à ce qu'il marque des buts. Après un match au cours duquel il n'avait pas marqué, son père l'a un peu sermonné et Vincent s'est mis à pleurer. C'est la dernière fois qu'Yvon a élevé la voix à propos du hockey.

Le père de Vincent a fait l'impossible pour aider son fils à réussir au hockey. Lorsqu'il a constaté que Vincent devait améliorer son coup de patin, Yvon a embauché un entraîneur de patinage artistique. Le talent de Vincent a attiré l'attention des responsables du hockey du collège privé Notre-Dame, à Wilcox, en Saskatchewan, renommé pour avoir développé le talent de plusieurs joueurs de la LNH, dont Wendel Clark, Gary Leeman, Russ Courtnall, Rod Brind'Amour et Curtis Joseph. L'entraîneur à Notre-Dame était Terry O'Malley, un ancien membre de l'équipe nationale du Canada. Vincent était impatient de suivre les traces de son frère Philippe qui avait fréquenté la même école et connu un certain succès. O'Malley reconnaissait son talent, mais à 1,79 m et 70,5 kg, Vincent avait beaucoup de travail à faire avant d'atteindre le hockey universitaire.

Le temps passé en Saskatchewan s'est avéré être un bon investissement. Durant sa première année, non seulement Vincent a grandi de 5 cm, mais il a ajouté du poids à sa charpente. Il a aussi démontré d'excellentes habiletés à manier le bâton et à attaquer le filet. La saison suivante, en 1995-1996, Lecavalier a marqué 52 buts et récolté autant de mentions d'aide en seulement 22 matchs. Puis, l'Océanic de Rimouski de la LHJMQ a fait de Vincent le quatrième choix au total du repêchage midget de 1996. La perspective de jouer plus près de chez lui a tellement emballé Vincent qu'il a renoncé à ses chances d'obtenir une bourse d'études d'une université américaine. Il a quitté Notre-Dame et a grossi les rangs de Rimouski pour les deux saisons suivantes.

Ses prouesses avec l'Océanic ont amené certains à établir des comparaisons avec d'autres anciennes grandes vedettes canadiennes françaises du hockey junior, comme Jean Béliveau (Lecavalier porte le chandail numéro quatre, tout comme Béliveau) et Mario Lemieux. Après avoir accumulé 103 points en 1996-1997, Lecavalier a fait encore mieux la saison suivante avec 115 points (44 buts et 71 aides). Il a été le meilleur marqueur des séries éliminatoires de 1998 avec 41 points. Malgré les efforts de Vincent, l'Océanic s'est inclinée devant Val d'Or en série finale, privant Vincent d'une participation au tournoi de la Coupe Memorial. Les recruteurs professionnels ont tout de même pris bonne note de sa prestation, si bien que Lecavalier a été parmi les joueurs juniors les mieux cotés en vue du prochain repêchage amateur de la LNH. Il était loin de se douter de toute la pression qui était sur le point de se retrouver sur ses jeunes épaules.

« LE MICHAEL JORDAN DU HOCKEY »

Au moment de son admissibilité au repêchage amateur de la LNH, Vincent mesurait 1,89 m et pesait 83 kg. Les recruteurs étaient excités à la possibilité d'avoir ce jeune homme de 18 ans dans leur équipe. Les Sharks de San Jose avaient gagné la loterie du repêchage cette année-là, mais le Lightning de Tampa Bay avait transigé avec eux afin d'obtenir le premier choix. Le Lightning était une équipe en difficulté depuis son arrivée dans la ligue en 1992-1993, n'ayant participé aux séries éliminatoires qu'une seule fois, en 1995-1996. Une occasion en or de se donner une nouvelle identité s'offrait à eux et tout laissait croire que Lecavalier serait le tout premier choix.

L'ancien joueur de la LNH Don Murdoch était le recruteur en

> *« C'est tout un honneur que d'avoir été le premier choix au total. Je suis soulagé que tout soit terminé. »*

chef du Lightning et il a été très clair à propos des intentions du Tampa Bay. « La course au premier choix du repêchage est

Vincent met le chandail du Lightning de Tampa Bay lors du repêchage de 1998.

terminée, a-t-il dit. Lecavalier est tellement en avance sur tous les autres que c'en est effrayant. Il est un joueur complet. Il a le physique et la force. Son sens du hockey et ses habiletés sont exceptionnels. »

Le propriétaire de l'équipe, Art Williams, un riche homme d'affaires de Birmingham, en Alabama, s'est exalté. Avant d'annoncer que Vincent était le premier choix au repêchage de 1998, il a déclaré que le Lightning allait réclamer « le Michael Jordan du hockey », en faisant allusion à l'un des plus grands joueurs de basketball de l'histoire. Bien que flatteur, le commentaire paraissait prématuré. Et Williams ne s'est pas arrêté là. Il a ajouté : « Il a de très, très bonnes chances de jouer avec l'équipe dès cette année. Son talent est évident. Il aura sans aucun doute sa place au Temple de la renommée du hockey. Dieu l'a comblé d'un don unique. »

L'entraîneur Jacques Demers (lui-même reconnu pour ses déclarations à l'emporte-pièce) n'était pas tellement heureux des commentaires de Williams. Demers était conscient du genre de pression qui attendait Vincent à titre de premier choix et il ne voulait pas que sa future supervedette soit encore plus sous les feux de la rampe. Mais la situation n'a pas semblé perturber Vincent outre mesure. Il a simplement dit que c'était un honneur d'avoir été le premier choix au total et s'est dit soulagé que tout soit terminé. Peu après, il a paraphé une entente de trois ans avec Tampa Bay. Il allait toucher 975 000 $ la première année, soit le maximum autorisé pour une recrue. Mais on a évalué qu'il empocherait entre 8 et 15 millions de dollars en incluant les primes de performance et autres incitatifs. Williams a eu raison sur un point – à 18 ans, Lecavalier a mérité un poste au sein de l'équipe et même s'il a éprouvé des difficultés, il est parvenu à marquer 13 buts et amasser 28 points en 82 matchs en évoluant la plupart du temps au sein du troisième trio. Le Lightning n'a pas quitté les bas-fonds du classement remportant seulement 17 victoires cette saison-là. La saison suivante, Lecavalier a fait encore mieux pour aider l'équipe avec 25 buts et 67 points en 80 matchs, mais le Lightning n'a savouré la victoire que 19 fois. La route vers le sommet de la LNH allait être longue et sinueuse pour Tampa Bay.

Les changements de propriétaires et d'entraîneurs n'ont pas changé grand chose et le Lightning progressait peu. Toutefois, un entraîneur a été plus clairvoyant que les autres à propos de Lecavalier. Lorsque le Lightning a échangé Chris Gratton aux Sabres de Buffalo, l'entraîneur-chef Steve Ludzik a fait de Lecavalier le nouveau *leader* de son équipe. À l'âge de 19 ans, il devenait le deuxième plus jeune capitaine de l'histoire de la LNH. Ludzik n'avait aucune inquiétude : son éthique de travail et sa maturité en dehors de la patinoire allaient faire de Vincent un bon *leader*.

Cette année-là, Vincent a prêché par l'exemple en se présentant au camp d'entraînement en bonne condition physique. Et il avait toujours le bon mot pour encourager ses coéquipiers et aider ceux qui traversaient des moments difficiles.

Mais l'équipe tirait de l'arrière et Vincent ne pouvait rien faire pour remédier à la situation. Puis, en 2000-2001, Ludzik a été congédié et remplacé par John Tortorella, un entraîneur très rationnel qui ne voyait pas d'un trop bon œil la présence d'un capitaine aussi jeune. Pour aggraver la situation, au cours des deux saisons suivantes, la production de points de Vincent a considérablement chuté (51 et 37 points respectivement). Après la saison 2000-2001, Tortorella a dépouillé Vincent de son titre de capitaine. Il était évident que Lecavalier allait devoir faire le point et se concentrer uniquement sur son jeu. La bonne nouvelle est que le Lightning a commencé à rassembler une très bonne équipe... même si Lecavalier a bien failli être échangé.

LE LIGHTNING ENFIN AU SOMMET

Tortorella et Vincent ne faisaient manifestement pas bon ménage.

Tortorella avait l'impression que la grande vedette de l'équipe était un joueur paresseux. Ils semblaient toujours à couteaux tirés. Le directeur général de l'équipe, Rick Dudley, s'est rangé du côté de son entraîneur. Il a même tenté d'échanger le joueur de centre qui semblait « un peu au-dessus de ses affaires ». Une entente a failli se concrétiser qui aurait fait passer Lecavalier aux Maple Leafs de Toronto. Mais comme c'est souvent le cas dans une équipe en reconstruction, Dudley a été limogé et remplacé par un inconnu du nom de Jay Feaster. Le nouveau directeur général a convoqué Vincent et Tortorella à son bureau et leur a dit qu'ils devaient trouver un terrain d'entente. « Je ne veux pas être connu comme le directeur général qui a échangé Vinny Lecavalier », a dit Feaster.

La discussion a semblé rassurer Lecavalier. Il a répondu à l'appel avec une saison de 78 points (33 buts, 45 aides) en

2002-2003. Le Lightning a participé aux séries éliminatoires pour la deuxième fois seulement de son histoire et a même atteint le deuxième tour. Mais la saison suivante allait s'avérer la plus mémorable, autant pour Lecavalier que pour ses coéquipiers.

> « Chaque fois que tu accèdes à un niveau supérieur, le jeu devient plus rapide; les joueurs sont plus gros et plus habiles. Tu dois t'adapter et faire des changements. »

En 2003-2004, Lecavalier a joué un rôle de premier plan dans l'équipe alors que le Lightning a connu sa meilleure saison avec 46 victoires et a terminé au premier rang de la division sud-est. Lecavalier a marqué 32 buts et récolté 34 mentions d'aide en saison régulière. Quelques-uns de ses coéquipiers ont aussi élevé leur jeu d'un cran. Martin St. Louis (gagnant du trophée Art Ross à titre de champion marqueur), Cory Stillman et Brad Richards ont tous terminé parmi les dix premiers marqueurs du circuit. L'équipe a aussi bénéficié du brio des spécialistes en défensive Tim Taylor et le capitaine Dave Andreychuk, un vétéran de la LNH. Tampa Bay avait tous les atouts nécessaires pour faire un bon bout de chemin en séries éliminatoires.

Les Islanders de New York n'étaient pas de force à lutter contre le Lightning qui a gagné la première ronde des séries en cinq matchs. Au deuxième tour, l'émotion était à son comble pour Lecavalier qui affrontait l'équipe de sa ville natale, le Canadien de Montréal. Il a peut-être enregistré le but le plus important de la série en provoquant l'égalité 3-3 à 17 secondes de la fin du troisième match. Richards a marqué le but victorieux en prolongation et le Lightning a ensuite éliminé le Canadien en quatre matchs consécutifs.

Ce fut une tout autre histoire contre les Flyers de Philadelphie, en finale de l'Association de l'Est. La série a atteint la limite de sept matchs et une fois de plus, le Lightning a eu le dernier mot avec une victoire de 2-1 devant ses partisans.

Le Lightning se retrouvait en finale de la Coupe Stanley pour la première fois de son histoire. La série a été longue et âprement disputée avant que le Lightning ne soit déclaré champion à la suite d'une victoire de 2-1 dans le septième match décisif. Lorsque Vincent en est venu aux coups avec le capitaine des Flames, Jarome Iginla, il en a surpris plusieurs. Mais avant tout, il a inspiré ses coéquipiers.

> « À chaque match des séries, il a élevé son jeu d'un cran. Vincent possède un talent incroyable. Tu as beau avoir le talent, ça ne vaut rien si tu ne travailles pas avec ardeur. Il travaille extrêmement fort. »
> — Wayne Gretzky

Partager la joie de la conquête de la Coupe Stanley avec le joueur de centre Brad Richards revêtait un caractère particulier pour Lecavalier. Tous deux avaient fréquenté le Collège Notre-Dame en Saskatchewan et avaient été coéquipiers avec l'Océanic de Rimouski dans la Ligue de hockey junior majeur du Québec. Richards avait lui aussi été réclamé au repêchage amateur de 1998, soit au 64e rang au total. Les deux joueurs ont joué un rôle important dans la conquête de la Coupe. Richards a dominé les marqueurs des séries éliminatoires avec 26 points

Vincent avec la Coupe en tournée à Montréal

en 23 matchs et a reçu le trophée Conn Smythe, une première pour un joueur du Tampa Bay. Les deux joueurs ont savouré pleinement l'allégresse de ce championnat, après avoir traversé tant de difficultés pendant plusieurs années.

Le Lightning souhaitait défendre son championnat pendant la saison 2004-2005, mais avant de s'attaquer à la tâche, une autre mission attendait quelques membres de l'équipe avant d'entreprendre une autre longue saison dans la LNH.

VINCENT À LA COUPE DU MONDE

Vincent Lecavalier a représenté le Canada pour la première fois sur la scène internationale à l'occasion du tournoi des moins de 18 ans, en août 1997. Le match a éte mémorable. Le Canada tirait de l'arrière 2-0 après deux périodes contre le pays hôte, la République tchèque. Lecavalier a pris les choses en main en orchestrant le premier but du Canada, puis en marquant celui qui a assuré la victoire de 3-2 de l'équipe canadienne. Il a aussi porté les couleurs du Canada l'année suivante lors des Mondiaux juniors disputés à Helsinki, en Finlande, où le Canada s'est classé huitième dans un tournoi à dix équipes.

En septembre 2004, le Canada a formé son équipe en vue de la deuxième édition de la Coupe du monde de hockey. Brad Richards et Martin St. Louis ont été choisis au sein d'Équipe Canada, mais à la surprise générale, Lecavalier a été ignoré. Cependant, lorsque Steve Yzerman a été blessé, le directeur général d'Équipe Canada, Wayne Gretzky, a ajouté le nom

Vincent soulève le trophée de la Coupe du monde.

de Lecavalier à la formation canadienne. Heureux d'avoir sa place au sein de l'équipe, Lecavalier s'est présenté au meilleur de sa forme. En six matchs, il a compté deux buts, dont l'un, marqué en prolongation contre la République tchèque, ce qui a permis au Canada de participer à la finale contre la Finlande. Lecavalier a ajouté cinq mentions d'aide et seul Fredrik Modin, son coéquipier du Lightning, a fait mieux que lui avec huit points avec l'équipe de la Suède. Le Canada a gagné la Coupe du monde et Lecavalier a été préféré au gardien de but canadien Martin Brodeur à titre de joueur le plus utile à son équipe.

Gretzky a été fort impressionné par le jeu de Lecavalier. « Il travaille extrêmement fort. Observez-le attentivement. Lorsqu'il perd possession de la rondelle, il ne se contente pas de se laisser glisser sur les patins. Il freine brusquement et se relance à la poursuite de la rondelle. Il fera partie d'Équipe Canada pendant de nombreuses années ». (Gretzky a vu juste puisque Lecavalier a été choisi au sein d'Équipe Canada pour les Jeux olympiques de 2006).

« Il fait penser à Jean Béliveau. Il porte aussi le même numéro. »
— Kevin Prendergast, ancien directeur du personnel des joueurs des Oilers d'Edmonton.

Avec une Coupe Stanley et la Coupe du monde à son palmarès, Lecavalier se sentait d'attaque pour devenir un joueur plus dominant dans la LNH. Toutefois, la saison 2004-2005 a été annulée en raison d'un conflit entre les joueurs de la LNH et les propriétaires. Histoire de garder la forme, Lecavalier et Richards sont allés jouer en Russie. Une fois le conflit réglé, la LNH a entrepris la saison 2005-2006 en mettant l'accent sur l'offensive. Lecavalier a alors atteint un sommet personnel de 35 buts et 75 points en 80 matchs. Mais le Lightning a été évincé au premier tour des séries éliminatoires.

Lecavalier a connu ses plus grands succès la saison suivante. En 2006-2007, il a marqué 52 buts – plus que quiconque dans la ligue au cours de cette saison-là – et pour la première fois de sa carrière, il a dépassé les 100 points. Son total de 108 points n'a été surpassé que par les 120 de Sidney Crosby et les 114 de Joe Thornton. Maintenant un colosse de 1,91 m et 99,5 kg, Lecavalier excellait non seulement en attaque, mais aussi à la défense. Son but a toujours été de devenir un joueur complet, prêt à donner le meilleur de lui-même chaque soir. Son brio lui a valu une place au sein de la deuxième équipe d'étoiles – sa première sélection à ce jour au sein de l'une des équipes d'étoiles d'après-saison.

Lecavalier s'est attiré les éloges de plusieurs dans le monde du hockey, dont son ancien entraîneur John Tortorella qui l'a qualifié de « meilleur joueur de la ligue » — un commentaire qu'il n'aurait pas fait il y a quelques années. Tortorella était emballé par la maturité que Lecavalier a acquise au fil des années.

« S'il avait joué dans un grand marché, ou… au Canada, on aurait érigé des monuments en son honneur, a ajouté le directeur général du Lightning, Jay Feaster. Ça démontre à quel point il est bon. C'est dommage qu'il ne soit pas reconnu à sa juste valeur; en fin de compte, la machine médiatique n'a pas su relever les mérites du numéro 4. »

Lecavalier a fait don de 3 millions de dollars pour aider à la construction d'un hôpital local, faisant de lui un héros encore plus estimé dans la région de Tampa.

Lecavalier n'est peut-être pas devenu « Le Michael Jordan du hockey », mais il est certainement exceptionnel.

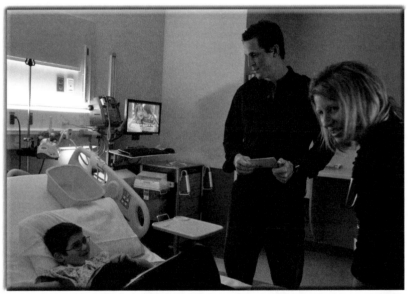

Vincent visite l'hôpital pour enfants de St. Petersburg, en Floride.

L'AVENIR

En 2007-2008, Lecavalier est redevenu capitaine et a connu une saison de 92 points (dont 40 buts), même si l'équipe a terminé au dernier rang du classement général avec seulement 31 victoires et 71 points. Au repêchage de 2008, le Lightning avait le premier choix et a arrêté son dévolu sur Steven Stamkos, un joueur fort talentueux autour duquel il souhaite bâtir l'équipe, un peu comme il l'avait fait il y a plusieurs années avec Vincent.

Vincent en était à la dernière année de son contrat qui lui rapportait des millions de dollars par saison et l'organisation du Lightning tenait à garder ses joueurs de concession. Parfaitement heureux de terminer sa carrière à Tampa Bay, Lecavalier a signé un contrat de 11 ans qui allait lui rapporter un total de 85 millions de dollars. Dès la signature de l'entente, des rumeurs ont commencé à circuler selon lesquelles les nouveaux propriétaires du Lightning ne seraient jamais en mesure de respecter l'entente et qu'ils tenteraient d'échanger leur joueur de centre vedette. Le nom de Montréal est celui qui a le plus souvent été mentionné comme destination éventuelle de Lecavalier. Les partisans du Canadien étaient enthousiastes à l'idée de voir un héros local endosser le célèbre chandail bleu, blanc, rouge. Le Canadien ne pouvait résister à l'attrait d'attirer une vedette canadienne-française, mais le directeur général Bob Gainey n'a pas pu parvenir à une entente avec le Lightning. Lecavalier a passé la saison 2008-2009 à Tampa Bay où il a amassé 67 points (29 buts, 38 aides) en 77 matchs avant qu'une blessure au poignet mette fin à sa saison à cinq matchs de la fin du calendrier.

La concession de Tampa Bay est revenue à ses piètres performances : elle a été exclue des séries éliminatoires de 2008-2009 et n'a remporté que 24 victoires (la deuxième plus mauvaise fiche de la ligue cette saison-là). La direction de l'équipe était entre les mains de nouveaux venus, dont Brian Lawton au poste de directeur général et Rick Tocchet à celui d'entraîneur. Plusieurs des coéquipiers de Lecavalier lors de la conquête de la Coupe Stanley en 2004, dont Brad Richards, évoluaient maintenant avec d'autres équipes. Lecavalier et Martin St. Louis sont parmi les seuls encore en place et il semble même que leurs jours en Floride soient comptés.

Lecavalier a connu un mauvais début de saison en 2009-2010 et sa candidature n'a pas été retenue pour faire partie d'Équipe Canada à l'occasion des Jeux olympiques d'hiver de Vancouver. Mais à mesure que la saison avançait, son jeu s'est amélioré et il a terminé la saison avec 24 buts et 46 mentions d'aide. Malheureusement, le Lightning a raté les séries une fois de plus. Les statistiques en carrière de Lecavalier à Tampa Bay sont impressionnantes : aucun autre joueur du Lightning n'a marqué plus de buts que lui (326), n'a amassé plus d'aides (413), n'a récolté plus de points (739) et n'a disputé plus de matchs (869). En raison de son riche contrat et de son statut de supervedette, le Lightning risque d'éprouver de la difficulté à échanger Lecavalier. Lecavalier a prouvé qu'il est un grand joueur de hockey et certainement le meilleur joueur de l'histoire de la concession de Tampa Bay.

Vincent Lecavalier aux prises avec Patrice Bergeron des Bruins de Boston

VINCENT LECAVALIER

Date et lieu de naissance :
21 avril 1980 à l'Île Bizard au Québec

Taille : 1,93 m

Poids : 101 kg

Position : Joueur de centre

Tir : De la gauche

Équipe : Lighning de Tampa Bay

Carrière : 1998 à nos jours

SAISON RÉGULIÈRE

Saison	ÉQUIPE	MJ	B	A	PTS	PUN
1998–99	Lightning de Tampa Bay	82	13	15	28	23
1999–00	Lightning de Tampa Bay	80	25	42	67	43
2000–01	Lightning de Tampa Bay	68	23	28	51	66
2001–02	Lightning de Tampa Bay	76 ·	20	17	37	61
2002–03	Lightning de Tampa Bay	80	33	45	78	39
2003–04	Lightning de Tampa Bay	81	32	34	66	52
2005–06	Lightning de Tampa Bay	80	35	40	75	90
2006–07	Lightning de Tampa Bay	82	52	56	108	44
2007–08	Lightning de Tampa Bay	81	40	52	92	89
2008–09	Lightning de Tampa Bay	77	29	38	67	54
2009–10	Lightning de Tampa Bay	82	24	46	70	63
Totaux LNH		**869**	**326**	**413**	**739**	**624**

ÉLIMINATOIRES

Saison	ÉQUIPE	MJ	B	A	PTS	PUN
1998–99	Lightning de Tampa Bay	--	--	--	--	--
1999–00	Lightning de Tampa Bay	--	--	--	--	--
2000–01	Lightning de Tampa Bay	--	--	--	--	--
2001–02	Lightning de Tampa Bay	--	--	--	--	--
2002–03	Lightning de Tampa Bay	11	3	3	6	22
2003–04	Lightning de Tampa Bay	23	9	7	6	5
2005–06	Lightning de Tampa Bay	5	1	3	4	7
2006–07	Lightning de Tampa Bay	6	5	2	7	10
2007–08	Lightning de Tampa Bay	--	--	--	--	--
2008–09	Lightning de Tampa Bay	--	--	--	--	--
2009–10	Lightning de Tampa Bay	--	--	--	--	--
Totaux LNH		**45**	**18**	**15**	**33**	**64**

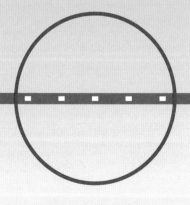

INDEX